ちくま新書

週末起業チュートリアル

藤井孝一
Fujii Koichi

472

週末起業チュートリアル【目次】

はじめに　007

第1章　会社依存から卒業しよう　011

本業への「不満」が原動力／本業がつまらない理由／成果主義の雇用環境では「やってられない」／週末起業で「完全燃焼の快感」を！／最初の一歩を踏み出せないのはなぜか／終身雇用の呪縛を解き放て！／まずは会社と距離をとろう／週末起業が目指すのは「自立」／サラリーマン・マトリックスとは？／サラリーマンは「大人」か？／会社卒業のシナリオ／かつて私も「ぶら下がリーマン」だった／人生を振り回された海外転勤／理不尽な帰国命令で家庭崩壊の危機に／サラリーマンよ、もっと怒れ！／「社畜」には家族すら守れない!?／まずは会社への依存心を断ち切ろう

第２章　週末起業のマネー学　057
本業の収入と同額を週末起業で稼ぐ／給料だけが収入だと思っていませんか？／お金に対する考え方を改める／開業資金はゼロでもＯＫ／ある程度の投資は必要／フローで五〇万円、ストックで三〇〇万円を目指す／元手ゼロの仕事を見つける／家族を巻き込んでコストダウンを図る／自分の時給を換算せよ／経営者の思考を肌で覚える／週末起業で投資感覚を養う／起業家にとっては節約の時間が無駄／「消費」なのか「投資」なのか？／家庭環境で異なる金銭感覚／「働くこと」を放棄する若者たち／「おあずけ人生」を卒業しませんか？／週末起業のマネー学、独立開業のマネー学／いくら稼げば今の生活を維持できるのか／老後資金を考える／本業を辞められないもうひとつ別の理由／帰属する場所を失う虚しさ／週末起業の虜になると本業を辞めずにいられなくなる／辞めるまえに業務委託契約も検討する
第３章　週末起業家の時間革命　101
多忙なサラリーマンも時間捻出できる／自分の人生の台本は自分で書く／満員電車という名の監獄、サラリーマンという名の囚人／グッバイ、満員電車／通勤電車書斎化計画／「レールワーカ

ー」の仕事術／時間捻出のステップ①必要時間の把握／時間捻出のステップ②時間の棚卸し／時間捻出のステップ③時間のリストラと配分／優先順位をはっきりさせる／時間を味方につける／私はこうして早起きになった／早起きの敵は二度寝／いくつかの早起きの奇策／早起きのモチベーションは何か／退社時刻を早くする方法／アフター5に週末起業

第4章 ネットワークを手に入れる 135

人づき合いが変われば考え方も変わる／同じ志を持つ仲間を作ろう／サラリーマン的な発想が元凶／社外人脈が週末起業のきっかけ／「あたって砕けろ！」で人脈を築きました／人脈は一緒に仕事をして作るもの／出版社との人脈を活かせなかった人たち／メンターを持ちませんか？／「ドリームチーム」を作ろう！

第5章 週末コンサルタント 155

方法としてのコンサルタント／コンサルタントをおすすめする理由／週末コンサルタントの泣き所／コンサルタントになる方法／コンサルティング業の顧客獲得／週末起業家の情報発信／情報起業の二つの泣き所／週末起業家にはコンサルタントがぴったり

第6章　本業と週末起業の幸せな関係　181
本業を週末起業の味方につけよう／私も本業が障害でした／本業の経験が財産になりました／本業とのつき合い方／本業の仕事を週末起業にするべきか？／本業の経験を活かしてコンサルタントに／「自社商品のサポート業務」が週末起業に／本業のための勉強をネタに週末起業を開始／大企業の肩書きを活かす

おわりに　203

章扉イラスト　横山裕一

はじめに

あなたは、本当の「大人」といえるでしょうか？

経済的にも精神的にも自立した、何ものにも依存しない存在といえるでしょうか？

どんな時代にあっても、定職を持ち、自分のみならず家族を養うことは、あなたが思う以上に大変なことです。その証拠に、従来よりサラリーマンは周囲から〝社会人〟と呼ばれ、一個の自立した〝大人〟として遇されてきました。

でも、実際はどうでしょう。もしも**勤めている会社がなくなったら、あなたは赤ん坊のように無力な存在**と化すのではないでしょうか？　それは言い過ぎだとしても、今あなたが当然のこととして享受している日常生活は、あなたを雇い、毎月所定の口座に一定額の給料を支払ってくれるパトロンのような存在を必要としているのではないでしょうか。

それでもあなたは、自分のことを「自立した存在だ」と言い切ることができますか？

本書は、前著『週末起業』（ちくま新書）よりも、週末起業の本質的な面に光を当てています。前著では、「起業したい。でも、会社は辞められない……」というサラリーマンに対して、「会社を辞める必要はありませんよ」と言いたくて週末起業を提案しました。

しかし、あなたが週末起業で最終的に目指すべきは、「起業願望の充足」や「副収入」などの小さなものではありません。本当に目指すべきは、**会社から自分の人生を取り戻すこと**なのです。

私は、「サラリーマンは、もっともっと怒るべきだ」と思います。こんなことを言っても、「会社の仕事にやりがいがあり、現状にも先行きにもまったく不安がない」という方にはピンとこないかもしれません。

でも、もしあなたが「自分はまだまだやれるのに、会社では力が発揮できない」、「本当にやりたいことがやりたいようにできない」、それどころか「転勤で生活がぼろぼろになった」、「将来、高給や厚遇が待っていると思えばこそ安月給に耐えてきたのに、どうも話が違う」、「理不尽な処遇にも、会社にガマンしてくれと言われた」という方なら、もっと自己主張をするべきです。あなたは自分自身の問題について、会社と対等な立場でものを言う権利があります。あなたの家族の問題に対して、会社と戦う義務があります。

ただし、そのためにはお金の面でも気持ちの面でも、会社から自立している必要があります（さもなければ、親に養ってもらいながら、いっぱしの口を利く子供と同じです）。そして自立するための有効な手段として、お役に立つのが週末起業というわけです。

これまで、そして今でも、私は連日、大勢のサラリーマンにお会いしています。そのなかで気づいたことは、サラリーマンと会社との関わり方は、大きく四つのタイプに分類することができるということです。

詳しくは第1章で述べますが、サラリーマンの四タイプとは、Ⓐ会社にぶら下がる「ぶら下がリーマン」、Ⓑ仕事は二の次、週末に生きる「週末燃焼系サラリーマン」、Ⓒお金に困らないが気持ちのよりどころが会社という「資産家サラリーマン」、そしてⒹお金の面でも気持ちの面でも自立した「大人サラリーマン」の四つです。

「自分はまだまだ大人サラリーマンになりきれていない」とお感じになり、「いずれは会社から自立した、真の大人になりたい」と考える人には、本書に書いてあることが、きっと役に立つと思います。とりわけ「自分は今のところぶら下がリーマンだが、いずれは大人サラリーマンを目指したい」という方には、本書のアドバイスが大いに参考になると思います。

ところで本書のタイトル『週末起業チュートリアル』の〝チュートリアル〟とは何でしょうか？　本来の意味は個別指導という意味です。最近はパソコン関連の言葉としてお馴染みかもしれません。新しいソフトを「面白そうだ」と購入し、インストールを終え、「さぁ使ってみよう」と思っても、最初は使い方がサッパリわかりません。その時、疑問に答えてくれるのが、チュートリアル機能です。

本書も前著を読み、「週末起業って面白そう！」と思った方が抱きやすい疑問に先回りして「こんなときにはこうしたらどうですか」と個別に答える目的で書きました。

また本書では、週末起業家のOBとして私自身の体験をベースに週末起業観を語っています。前作では、経営コンサルタントという立場で、週末起業という起業スタイルを提唱し、その具体的な始め方や、進める上で留意すべきことを客観的に解説することに努めました。だから自分自身の体験よりも、むしろ他の、より多くの週末起業家の話をベースにまとめました。

しかし、私自身も週末起業を経験し、それを足がかりに独立開業を果たした人間の一人です。その過程で、いろいろなことに気づき、感じ、学びました。それをあなたと共有できればと思い、本書をまとめたのです。

本書を、自立した「大人サラリーマン」を目指すあなたに捧げたいと思います。

第1章

会社依存から卒業しよう

†本業への「不満」が原動力

前著『週末起業』では、リストラ、倒産、給与カットなどサラリーマンの「不安」に対する防衛手段として、週末起業という考え方を提案しました。おかげさまで大変たくさんの方の共感を得ることができました。

しかし、「週末起業に関心を持った」というサラリーマンの方々とお会いして、実際に話をしてみると、彼らが必ずしも将来に対する「不安」から週末起業に関心を持っているのではないことが分かりました。

むしろ、今の仕事に対する**「不満」が引き金となって、関心を持ち始める人が多い**のです。もちろん、将来への「不安」から週末起業に踏み切るサラリーマンも大勢います。たとえば、ときどき「毎月あと五万円ずつ稼がないと生活が成り立たないのです！　週末起業で何とかしたいのです」というご相談も受けます。

でも、「週末起業に関心があります」という方の大半は、将来への「不安」からより、むしろ今の仕事に対する「不満」から、週末起業に関心を寄せているのです。

では、一体何が「不満」だというのでしょう。それは「俺の能力は会社で十二分に発揮できていない！」という**不完全燃焼感**です。

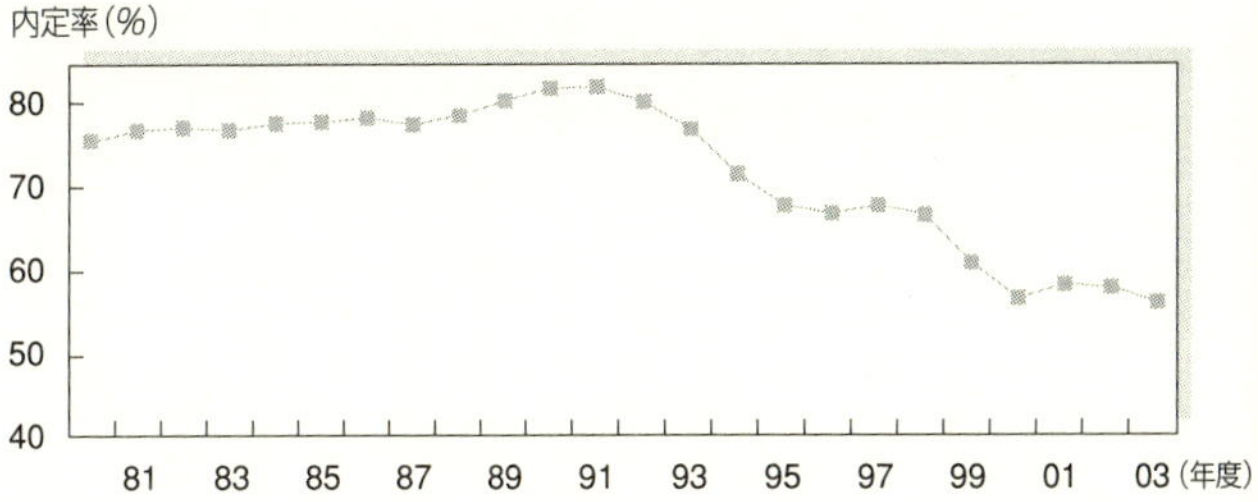

図表1　大学生の就職率（文部科学省　学校基本調査　平成15年度）

今、サラリーマンの多くは**職場で欲求不満に陥っています**。原因のひとつは、やはり長引く不況です。不況のあおりで、各社とも人減らしを進めています。とくに、企業はリストラまでいかなくとも、新卒の採用を控える傾向にあります。これは、大学卒業者の就職率が五五％前後という厳しい数字に表れています（図表1）。

それについて論じることは、本書の趣旨ではないので控えますが、そのしわ寄せがサラリーマンにいろいろな影響を与えています。

たとえば、若い世代が入ってこなくなった結果、本来若い世代に引き継がれていくはずの仕事を、中堅の社員が十年一日のごとくやって（やらされて）います。新卒が減っても、会社にはやらねばならない仕事がたくさんあります。たとえば、外回り、街頭・店頭でのビラ配り、データ処理などの単純作業、他に接待の場所取り、お茶くみなどです。

こうした仕事のなかには、これまで新入社員が数年間限定で、サラリーマン修業の場としてやってきた仕事もあります。ところが、新卒の採用が減ったために、相変わらず中堅の社員がやらざるをえないケースが増えているのです。日本の会社では、制度は変わりつつあるとはいえ行動規範は年功序列が基本ですから、社内や各部署でいちばん若い人がやることになるからです。

その、社内や各部署でいちばん若い人というのが、バブル時代に採用された人たちであるケースもあります。彼らは今四十歳前後になっています。少し前なら、現場を離れてマネジメントの立場に立ってもおかしくない世代です。会社は彼らにマネジメント研修を受けさせ、上司も、「おまえもそろそろ部下を持つんだから……」などと気を持たせるようなことをことあるごとに言ってきました。それを真に受けて、彼らもマネジメントに関する勉強などをしてきました。

ところが、彼らが入社してから新卒者の採用数が大きく絞られたために、肝心のマネジメントをする対象が極端に少なくなっています。結果的に、入社してから十年一日のごとく同じ仕事をしているサラリーマンが増えています。それが、中堅サラリーマンの不完全燃焼感につながっています。

中堅サラリーマンの不完全燃焼感は、当然若い社員にも悪影響をおよぼします。パッとしない中堅サラリーマンを見て、若い社員も明るい未来は描きにくくなっているのです。

こうして**職場に停滞感がただよう**、日本の企業はそんな悪循環に陥っています。

†本業がつまらない理由

そもそも会社のなかでポストの数そのものが減っています。総務省統計局の調査によれば全雇用者数に占める「課長級以上」の管理職の割合は、八〇年の五・四六%から、二〇〇三年には三・四一%にまで低下しました。組織はピラミッド型をしていますから、上に行くほど細くなります。つまり年次を経て、みんなで三角形の上の方にシフトしていこうとしても、同期の何人かの居場所がなくなるのです。日本の経済が成長している間は、三角形（組織）そのものが大きくなりましたから、課長のイスもどんどん増えました。でも、成長が止まった日本では、その三角形は小さくなりこそすれ、もはや大きくなることはないのが現実です。いくら待っていても、課長のイスなどまわってこないのです（図表2）。

そんなことは少し目端の利いた社員なら、すぐに見抜いてしまいます。そこでこれをごまかすために、会社は「組織のフラット化」という詭弁を弄してポストそのものをなくす傾向にあります。「みんなが課長になれないなら、いっそ課長なんてなくしてしまえ」という発想です。役職に「プレイングマネジャー」だの「グループリーダー」といったカタカナの名前を付けてごまかしています。東京労働局の調べで、調査対象企業三八社のうち、このような役職の割合は、全従業員の三〜四割に迫っていたそうです。

その結果、部下も持たず、場合によっては所属する課も部もない、入社以来ずっと現場仕事、同じ仕事をしている人が増えているのです。

これがごまかしであることは、社員もとっくに見抜いています。とくに中堅と呼ばれる社員たちは、自分が入社したころを思い返し、当時の先輩たちと、その年齢に達した自分の仕事や処遇を比較して、その違いに虚無感を抱いています。

†成果主義の雇用環境では「やってられない」

成果主義も、サラリーマンのモラールの低下に拍車をかけています。成果主義は、体《てい》のいい給与カットです。ほんの一握りの「勝ち組」社員と、大半の「負け組」社員を作ることで会社全体として人件費を減らそうという制度です。

もちろん、建前上は「やった人をきちんと評価し、やらない人はそれなりに」という大義名分がありますので、誰も異論をはさめません。

ところが、実際に成果主義が導入され、結果が出ると、不満が爆発します。大半の人が負け組に入ってしまうからです。当たり前です。成果に応じた評価制度というのは、会社としてはハナから建前だからです。一部の社員を、華々しく高給でもてなしますが、ほと

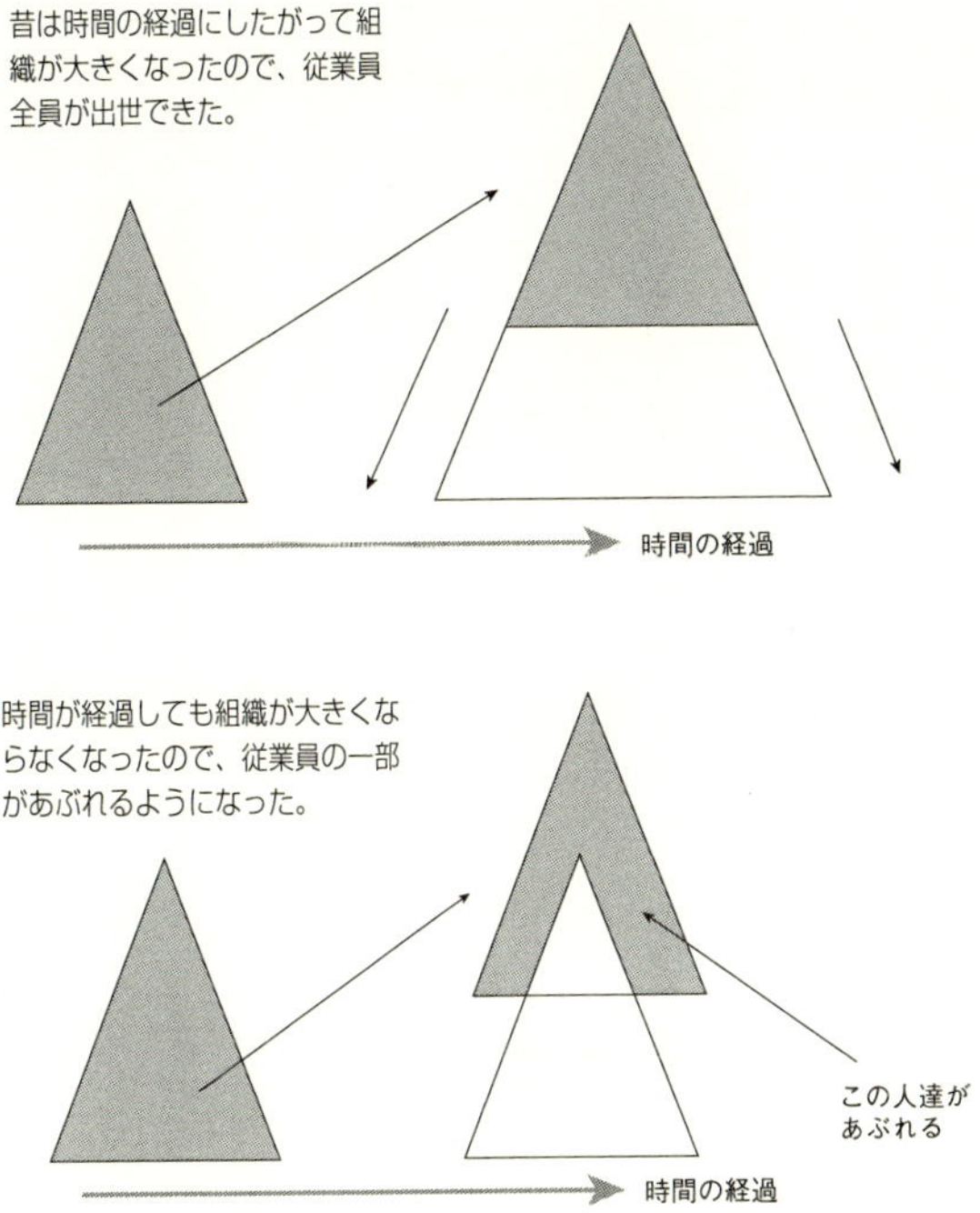
昔は時間の経過にしたがって組織が大きくなったので、従業員全員が出世できた。
時間の経過
時間が経過しても組織が大きくならなくなったので、従業員の一部があぶれるようになった。
この人達があぶれる
時間の経過

図表2 組織のサイズと従業員の関係

んどの社員については「成果が上がらなかったから」という理由で、思い切った給与カットができる、それが日本版成果主義の実態なのです。

会社は、このくらいやったって、社員が辞めないことを知っています。なぜなら、日本は中途採用の労働市場整備がまだまだ不十分だからです。それにサラリーマンも他の会社で通用するようなスキルを磨いてきませんでした。ちょっとやそっとの減給では社員が辞めないことは、会社もよく知っているのです。

そして負け組になった人が奮起し、社内に競争原理が働き、組織が活性化する、というのが成果主義を導入する会社の思惑でしょう。しかし、負け組に入った人は「よし、自分もがんばるぞ」とはなりません。会社が思っているほど「次こそは自分が」と考えるおめでたい人は、それほどはいないからです。

そもそも日本の成果主義は基準があいまいかつ不透明です。会社は、社員にわかりにくい評価で優劣をつけ、訳も分からず負け組のレッテルを貼っています。だから、社員は「何を、どうがんばればいいのか」さっぱり分かりません。結果として、「やってられない」という厭世的な気分だけが漂っていきます。

それに負け組になったところで、外資系の会社のようにいきなりクビになったり、給与が激減することはありません。だとしたら、姿の見えない敵に向かって闇雲に刀を振り回すより、「何もしないで大過なく過ごしたほうがいい」と考えるのは当たり前です。

こうして**日本のサラリーマンは、会社で生き甲斐を見出しにくくなっていきました。**本来働き盛りで、やる気も能力もあるサラリーマンの大半が、**会社の都合によって、不完全燃焼感で一杯になっている**のです。

†週末起業で「完全燃焼の快感」を！

これに対する対応策は、会社の外に生き甲斐を見出す、ということになります。

そんなわけで、週末にやり甲斐、生き甲斐を求める人が増えています。何に生き甲斐を求めるかは、人それぞれです。家族と過ごすことだったり、趣味だったり、資格の勉強だったりいろいろあるでしょう。もともと世界中から働き蜂、エコノミック・アニマルと揶揄されてきた日本人ですから、ちょうどいいのかもしれません。最近は「年収三〇〇万円でも、ラテンのノリのケセラセラで乗り越えよう！」という本が飛ぶように売れているくらいです。

もちろん「仕事の不完全燃焼感は、やはり仕事で解消したい！」と考える前向きなサラリーマンもたくさんいます。とくに、三十代、四十代の中堅サラリーマンの多くは、「まだ隠居のようになりたくない！」「まだまだ活躍したい！」「ラテンもいいが、自分を仕事にかけてみたい！」「仕事で勝負したい！」「勝負は終わっていない！」、そう思っています。

ところが、すでに述べたような事情で、どうも会社では思うに任せません。だから、転職や資格、起業などにがぜん注目が集まるのです。

週末起業が、多くの皆さんに共感していただけたのも、実は**本業に対する不完全燃焼感を持つサラリーマンが巷に溢れていた**ことが本当の理由だと私は読んでいます。たしかに週末起業なら、会社の不条理なしがらみ、上司の無能や事なかれ主義などが原因で、自分のアイデアを握りつぶされたり、社内の調整に明け暮れる必要はありません。自分の裁量でビジネスができます。**自分のやりたいことを自分の判断で即断即決し、実行に移すことができます。**邪魔する人はどこにもいません。自分の仕事の腕前をできの悪い上司にではなく、市場に直接問うことができるのです。もちろんリスクを負うのは自分ですから、いつも真剣勝負です。この緊張感がたまらないのです。

これは一度味を占めてしまうと病みつきになり、二度と止められなくなります。事実、週末起業を始める前には「定年退職まで二足のわらじでいきます」と言っていた人の多くが、週末起業が軌道に乗ると会社を辞めてしまいます。最大の理由は、サラリーマンとしてやらされるのと、起業家として仕事をするのとでは、仕事の面白さがケタ違いだからです。

「いちど起業家として仕事をしたら、サラリーマンとして仕事をすることが、ばからしくなる」。これが週末起業で成功した人が異口同音に口にする言葉です。もしかしたら、サラリーマンの多くはサラリーマン経営者を含め、何年ビジネスの現場にいても、実は本当の仕事の面白さを知らないのかもしれません。そして知らないまま会社を去るのかもしれません。週末起業なら、仕事を通じて本当の充実感、やり甲斐を肌で感じることができます。

しかも家族を週末起業に巻き込むことで、よろこびを家族で共有することができます。さらに、うまくいけば週末起業からの収入は、本業の収入を大きく超えます。本人が望むなら、独立開業をし、本当の起業家になることができます。実際に週末起業の段階を卒業して起業家になる人が何人も登場しています。

前著『週末起業』が出版された後で、大変多くの方から、

「自分もやってみた!」

「週末が待ち遠しくなった!」

「人生が変わった!」

「独立できた!」

というご連絡をいただきました。もともと前著は、サラリーマンにエールを送るつもりで書きましたので、本当に嬉しく思います。

†最初の一歩を踏み出せないのはなぜか

ところが、なかにはどうしても週末起業を始めることができないという人もいます。「週末起業を始めたい」と言いながら、一向に始められないサラリーマンが少なからずいるのです。

始められない理由のナンバーワンは、「何をやったらいいか分からない」というものです。

一度、私が主宰する「週末起業フォーラム」の会員にアンケートを取りましたが、そこでも、「まだ週末起業ができない」と答えた方の、実に四〇%がその理由として「何を始めればいいか分からない」ことを挙げています。

これは、考えてみればおかしな話です。「週末起業したい」という方の多くが、「やりたいことがやりたいようにできる」という理由で週末起業に興味を持ち始めているのです。にもかかわらず、いざ「さあ、やりたいようにやっていいですよ」と言われると、多くの人が困ってしまうのです。「やりたいことって何だろう」と考え込んでしまうのです。

これまでぬり絵ばかりやらされていた人が、「好きな絵を自由に描きたい！」と思っていたときに、真っ白な紙を手にした途端「今度は何を描いていいのか分からなくなってしまった」というのに似ています。

†終身雇用の呪縛を解き放て！

これを「サラリーマンには自分というものがない。困ったものだ」と非難する人がいます。でも、サラリーマンの多くが「自分のやりたいことが分からない」のは当たり前です。彼らのほとんどが、これまで会社で出世をし、定年退職まで働くつもりだったからです。だからこそ、仕事一筋でやってきたのです。オンもオフもすべて会社に捧げてきたのです。「趣味もなければ、好きなことも、やりたいことも分からない」と多くのサラリーマンは嘆きますが、これまでは、趣味なんか持つ必要がないくらい仕事に打ち込めたのです。「自分の好きなこと、やりたいこと」など考える必要がないくらい仕事に没頭できたのです。

こうしたサラリーマンに対して、会社もかつては報いていました。年次があがるにつれて、管理職、役員という具合にやり甲斐のある仕事と肩書を提供してくれました。実績に応じてボーナスもきっちり払ってくれました。安心して会社の仕事にのめり込めるように終身雇用を維持してくれました。住宅も社宅や手当というかたちで用意してくれました。退職金と手厚い厚生年金の支給により、老後まで守ってくれました。

もろもろ考えると、一つの会社に脇目もふらずに尽くすことが、自分にとって最も効率的でかつ合理的な選択だったのです。だからこそ、子供のころから受験勉強をして学歴社会を勝ち抜き、さらに厳しい就職戦線を乗り越えてサラリーマンを目指したのです。

ところが、最近会社は家計の負担増に応じて給与を増やすとか、勤続年数に応じて処遇を決めるなどという、気前のいいことはしなく（できなく）なっています。ひどい場合には、「辞めてくれ」と言い出すしまつです。要するに、時代は変わったのです。

こうして従業員のほうも、会社に生涯を捧げる人生に見直しを迫られています。しかし、あまりに突然のことです。準備ができていませんし、そもそも自分のキャリアを自分で創るという教育を受けていません。周りにお手本になるような人もいません。だから「やりたいことをやろう」と言われても、戸惑ってしまうのです。

†まずは会社と距離をとろう

しかし、時代は変わりました。もし今のあなたに「やりたいことがない」なら、すぐに手を打ったほうがいいと思います。

自分の人生において「やりたいことが何もない」というのは、寂しすぎますし、これは週末起業以前の問題です。

ただ、安心してください。「やりたいことがない」のではありません。気づいていないだけなのです。これまであまりにもプライベートな問題を軽視する環境のなかに身を置いていたために、無意識に「自分がやりたいこと」を見ないようにしていただけなのです。

また、「週末起業のネタ探し」のために「やりたいこと」を探すという人は、「ビジネスになるかどうか」を考えるあまり、「自分が本当にやりたいこと」が見えにくくなっている可能性があります。

ですから、まず「自分は本当は何をやりたいのか」じっくり考えてみてください。

たしかに、週末起業の大きな魅力のひとつは副収入です。しかもその金額は、うまくいけば非常に大きなものになります。しかし、はじめにお金ありきでは決してうまくいきません。

冒頭で「毎月五万円ずつ支出が収入を上回るのです、何とかしてください」という相談も受けると申しましたが、そういう方にはファーストフード店などで副業することを勧めています。

ある意味、お金の儲け方は方法論です。いくらでもやり方があるのです。私も、週末起業フォーラムの活動や教育プログラム、著作などを通して、利益を生むビジネスモデル構築のメソッドについては具体的に解説しています。

しかし、それはしょせん方法論です。方法論をいくら学んだところで、「自分が何をやりたいのか」という目的が明確になっていなければ、それらの知識は何の助けにもなりません。

ですから、繰り返しますが、「会社の仕事以外に打ち込めることが何もない」と言う人は、まずやりたいことを見つけるところから始めてほしいのです。あなたが何を好きか、何をやりたいのかは、あなたにしか分からないのです。

そのためには、会社どっぷりの生活から一歩抜け出して、距離を置いてみることが必要になります。

†週末起業が目指すのは「自立」

私は、**週末起業で目指すものは「自立」**だと思っています。自立とは、すなわち、会社に寄りかかって生きるのでなく、会社がなくても生きていける状態のことです。

サラリーマンが会社に依存しているのは、給料、すなわちお金だけではありません。気持ちの面でも大きく依存しています。**「お金」と「気持ち」の両面で会社に依存するのを**

やめて自立することこそが、週末起業が目指すものの本質だと私は考えています。

そもそも自立とはどういうことでしょうか。まず、「お金の面で自立する」とは、**会社の給料以外の収入源を確保すること**を意味します。これにより、会社の給料に百パーセント依存せずとも生きていけて、家族も養えるようになることを目指します。

週末起業に成功すればもう一つの収入源を確保できます。それが大きくなれば、やがて会社から経済的に自立することが可能になります。

次に、「気持ちの面で自立すること」、すなわち精神的自立です。これは、お金の有無は問わず、**会社の仕事の他にも打ち込めること、時間を割いて取り組めることや人間関係を確保した状態**です。これにより、会社の仕事しかすることがない、楽しみもないという生活との訣別を目指します。週末起業をすればいきいきとした週末が手に入ります。また週末起業を通じてできたさまざまな人間関係が、自分の生活に彩りを添えてくれます。ひいては、自分自身を厚みのある人間に育ててくれます。

†サラリーマン・マトリックスとは？

これまで何人ものサラリーマンの皆さんにお会いしてきて感じることは、「サラリーマンの会社への依存度は人それぞれだな」ということです。とくに、ここで述べた「お金」

「気持ち」の面で、サラリーマンが会社からどの程度自立できているのかを見ると、四つのタイプに分類できます。それを図示すると二九ページの図表3のようになります。

それぞれのタイプについて、くわしく見ていきましょう。

タイプA　ぶら下がリーマン

ここに分類されるサラリーマンは、**お金の面でも、気持ちの面でも、会社にどっぷり依存しきった状態で、会社なしでは生きてはいけない人**です。

まずお金の面ですが、給料以外の所得がありません。だから会社がなくなれば、収入は途絶えます。もちろん所得の多寡は会社にもよりますが、どんなに高額な所得を得ていても、給与の支給が打ち切られたら一挙に路頭に迷うのが、ここに該当する人たちです。

では、気持ちの面ではどうでしょう。会社の仕事以外に、とくに打ち込んでいることも、やりたいこともありません。人間関係も、家族を除いては、同僚や取引先など、会社が前提になっている人たちです。

もちろん、会社の仕事を漫然とこなす人ばかりではありません。会社の仕事が楽しくて、やり甲斐があって、毎日完全燃焼している人も大勢います。「やりたいことを会社の仕事にした」という人です。彼らには、会社の仕事以外は考えられないでしょう。今どき、こ

		お金	
		依存している	自立している
気持ち	依存している	A ぶら 下がリーマン	B 資産家 サラリーマン
	自立している	C 週末燃焼系 サラリーマン	D 大人 サラリーマン （週末起業家）

図表3 サラリーマン・マトリックス

ういう人は、ある意味うらやましいといえます。

高度経済成長期からバブルが崩壊するまでは、こういうサラリーマンがたくさんいました。まさに「プロジェクトX」の世界です。このままひた走りに走って、年齢とともに偉くなって、定年退職を迎えられれば最高です。もっと言うと、定年後に子会社の社長でもできればいうことはありません。ただ、こういう人が、本書を手に取ることはないでしょうから、ここではあえて触れません。

一方で、「会社の仕事も面白くはないが、他に打ち込めることもないので、ただ漫然と会社の仕事をしている」という人もいます。また「会社に忠誠心を誓わないと、このご時世どうなるか分からない」という想いで、わき目も振らずに没頭する人もいます。

どちらの場合も、結果的に会社にどっぷり依存しています。お金の面で会社に依存しているのはもちろんのこと、気持ちの面でも会社がなくなれば、ニッチもサッチもいかなくなり、会社にしがみつかざるを得ない状態にあります。

とくに、ぶら下がリーマンは、年とともに、ますます会社にしがみつくことになります。会社以外に行き場をつくってこなかったのですから当たり前です。

こういう人がそこそこ偉くなると、老害の元凶になります。若い人たちが活躍する機会を奪い、若い人の斬新な意見をつぶして回ります。あなたの会社にもこのようなぶら下がリーマンがいないでしょうか。こうして会社に重苦しい雰囲気が漂うようになります。

ぶら下がリーマンにとって、拠り所は会社だけですから、突然会社から強制的に退場を迫られると、心理的なダメージが大きくなります。したがって、倒産やリストラによる影響を最も大きく受けやすい人たちともいえるのです。

タイプB　週末燃焼系サラリーマン

Bの人は、**会社以外にも没頭できることを見つけた人**です。サラリーマンでありながら、趣味、スポーツ、ボランティア活動、勉強などにのめり込んでいる人です。たとえば、私の知人にも、サラリーマンでありながら、

- 陶芸が趣味。かつて陶芸家を目指したことがある。
- バンド活動でライブをこなしファンクラブもある。
- 週末はテニスのインストラクター。近所の人たちに教えている。
- 空手の師範で、道場を運営している。
- 大学の体育会の監督をして、全国制覇を狙っている。
- 毎週末、部屋にこもって推理小説を書いている。

という人がいます。趣味が高じて「いざとなったら、これで食っていけますよ」、そんな人までいます。マンガでいえば、「釣りバカ日誌」に出てくるハマちゃんのような人がここにあてはまるでしょう。

趣味のほかに、資格取得や留学のための勉強などにはまっている人もたくさんいます。

資格取得や留学のための勉強は、独立開業を念頭においていたり、将来に対する保険の意味もありますが、同時に知的ホワイトカラーを自認するサラリーマンの欲求不満のはけ口になっているフシもあります。たとえ、平日は会社で営業数字に追われていようと、クレーム処理をしていようと、上司にどやされていようと、資格取得のための勉強をしている週末だけは格好良く過ごせるからです。

私も資格の勉強をしたので分かりますが、受験生の多くは資格の取得が目的ではなく、資格の勉強自体が好きなのです。勉強することが自己目的化しており、高い授業料を払って資格の専門学校に通うことで、自己投資しているという安心感を得ているのです。そして知的好奇心を満たすことで満足しているのです。

このように、週末燃焼系のサラリーマンは会社の仕事以外にやり甲斐や活路を見出し、週末はそのことに没頭しています。彼らにとっては、週末は待ち遠しいものであり、平日とは対照的にいきいきできます。また、会社の同僚以外の人脈も豊富です。だから、ぶら下がリーマンのように気持ちのうえで会社にどっぷり依存する必要がありません。

一般に週末燃焼系サラリーマンは、ぶら下がリーマンのように会社に生涯を捧げる生き方、頼りきっている生き方を見下しています。そして「自分はちょっと違うぞ」と思っています。

では、なぜ彼らは見下している同僚のもとを去らないのでしょう？　理由は、経済的に自立できていないからです。いくら週末に没頭できることがあっても、それで家族が養えるわけではないのです。会社がパトロン、食い扶持の提供者であり、食べるために会社を辞められないのです。したがって、腹の底では会社や同僚をバカにしていても、クビになっては大変ですから、あまり大きなことが言えません。

それどころか、彼らは週末にゴロ寝をしている人に比べて、いろいろと行動している分、お金がかかります。週末を充実させるためにも会社が必要であり、サラリーマンを続けざるをえないのです。

気持ちのうえでは会社から自立していても、経済的には会社の給料に依存した状態にある。それが、週末燃焼系サラリーマンなのです。

タイプC　資産家サラリーマン

タイプCは資産家サラリーマンです。うらやましい限りですが、世の中には、お金の面でまったく給料をあてにしていないサラリーマンもいます。**給与所得以外に豊富な所得を持つサラリーマン**です。

たとえば、資産家の家庭で育った人で、資産をすべて引き継ぐことになっている人は少なからずいます。また「(逆) 玉の輿」に乗った人も、どこの会社にも一人や二人はいるものです。

こういう人のなかには、ある意味暇つぶしで働いている人もいます。親の跡を継ぐための時間稼ぎとして、世間体が悪いから、単に他にすることがないからという理由でサラリーマンをやっている人もいます(同僚に顰蹙《ひんしゅく》を買うので、決して口に出しませんが……)。

私がかつて働いていた会社にもいました。彼は中堅企業のオーナーの息子で、親が莫大な資産を持っていました。でも、彼は毎日会社に来ては、まじめによく働いていました。ある時、上司が「君はそんなに金があるのになぜ働くの」と尋ねたところ、キッパリ「ウマを養うためです」と答えました。彼は乗馬が趣味で、ウマを所有していたのです。ただ、年中乗馬ばかりしていると世間体が悪いので、親から働けと言われたそうです。しかし給与の大半はウマの飼葉などに消えるそうです。

「うちの家族四人が食っているお金で、ウマを食わしているのか……」と、後で上司とため息をついたことを思い出します。

他にも、ハッキリと「嫁さんを見つけるために働いている」と言う人間もいました。彼もオーナー企業の社長の息子でした。彼は結婚すると会社を本当に辞め、親の会社を継ぎました。

最近は投資で成功して、そこから安定的に収入を得ている人もいます。株や為替で大儲けをした人、マンション投資に成功して、不労所得が給与を超えた人もいます。サラリーマンでありながら、毎年確定申告をしている人のなかには、この資産家サラリーマンに該当する人がいます。

では十分な資産があり、不労所得を得ている資産家サラリーマンは、なぜサラリーマンをやっているのでしょう。理由はいろいろありますが、何人かは「気持ちの面で会社に依存している」からです。「会社に来なければ友達もいないし、やることもない」のです。そんな告白をする人は、経済的には会社から自立していますが、気持ちの面では会社に依存しているのです。

タイプD　大人サラリーマン

タイプDは、大人サラリーマンです。**気持ちの面でもおカネ金の面でも会社に依存していない、自立した人**です。

その典型的な例が「週末起業家」です。会社にいながら、平日の夜や週末を使ってビジネスをする人たちです。

まず、収入面ですが、週末起業家のなかには、会社からの給与所得と同等、またはそれを超えるほどの収入がある人がいます。収入があれば、仮に給料が突然なくなっても路頭に迷うことはありません。だからゆとりがあります。さらにその分を投資もできますから、お金はどんどん増えていきます。

また、気持ちの面でも自立しています。忙しい毎日ですが、やり甲斐を感じています。なにせ週末は経営者なのです。面白くないはずがありません。当然、それに伴う人間関係ももっています。週末起業をすれば、週末の事業を通じて得た人間関係はどんどん大きくなっていきます。

このように、「お金の面」でも「気持ちの面」でも、会社に依存せず、自立することができれば、会社と対等な立場でいることができます。そこから生まれる自信が、リスクを恐れない仕事ぶりにつながります。また、自信は人間的な魅力につながり、会社でも信望を集めることになります。こうして本業にも良い影響を及ぼしていきます。

†サラリーマンは「大人」か？

このように、会社からの自立度合いによってサラリーマンにもいろいろあるのです。サラリーマンの「自立」を、経済的にも精神的にも会社に依存していない状態のことと定義するなら、会社で働いているだけでは、少なくとも自立しているとはいえないことがお分かりいただけたと思います。

一般に、学校を卒業して働き始めると、世間から「社会人」などと呼ばれます。親の庇護を離れたことで、自立した大人として世の中から認められるのです。ところが、多くのサラリーマンは、親に代わり、会社という保護者に守られています。

私は、サラリーマンは、学校を卒業したように、いつか会社も卒業するべきだと思います。卒業といっても実際に「会社を辞める」必要はありません。経済的にも精神的にも会社に依存せずに生きていけるようになるということです。

お金と気持ちの両面で会社に頼りきって生きる状態から脱却し、しっかりと二本の足で立つのです。そうすれば**突然今の会社が潰れても、またはリストラの憂き目にあったとしても、別に動揺することはありません。**

また、会社から自立できていれば、**会社と対等な関係**が築けるようになります。理不尽な処遇に屈することもなく、非人道的な対応にも毅然とした態度で臨めます。これが真の意味で自立した人であり、本当の「大人」だと思うのです。

そのための手段として提案したいのが「週末起業」です。ところが、最近話題になったおかげで週末起業がほうぼうのマスコミで取り上げられます。嬉しいことなのですが、「週末起業」を「副業のちょっと気の利いたやつ」とか「会社の空き時間を活かして賢く小金を稼ぐ方法」といった取り上げられ方をされることがあります。これはまったく心外です。

サラリーマンが週末起業で本当に目指すべきは、「会社から自立して大人になること」なのです。会社を辞める、辞めないは問わず、**会社に人生を丸抱えしてもらう状態を卒業して、お金と気持ちの両面で自立を果たそう！――それが週末起業の真骨頂なのです。**

†会社卒業のシナリオ

ところで、週末起業をして会社への依存を断ち切る際、とても大事なことがあります。それは順番です。

図表4を見てください。すでにご説明したとおり、会社にべったり依存したサラリーマンはAのポジションにいます。一方、週末起業家はDのポジションにいます。

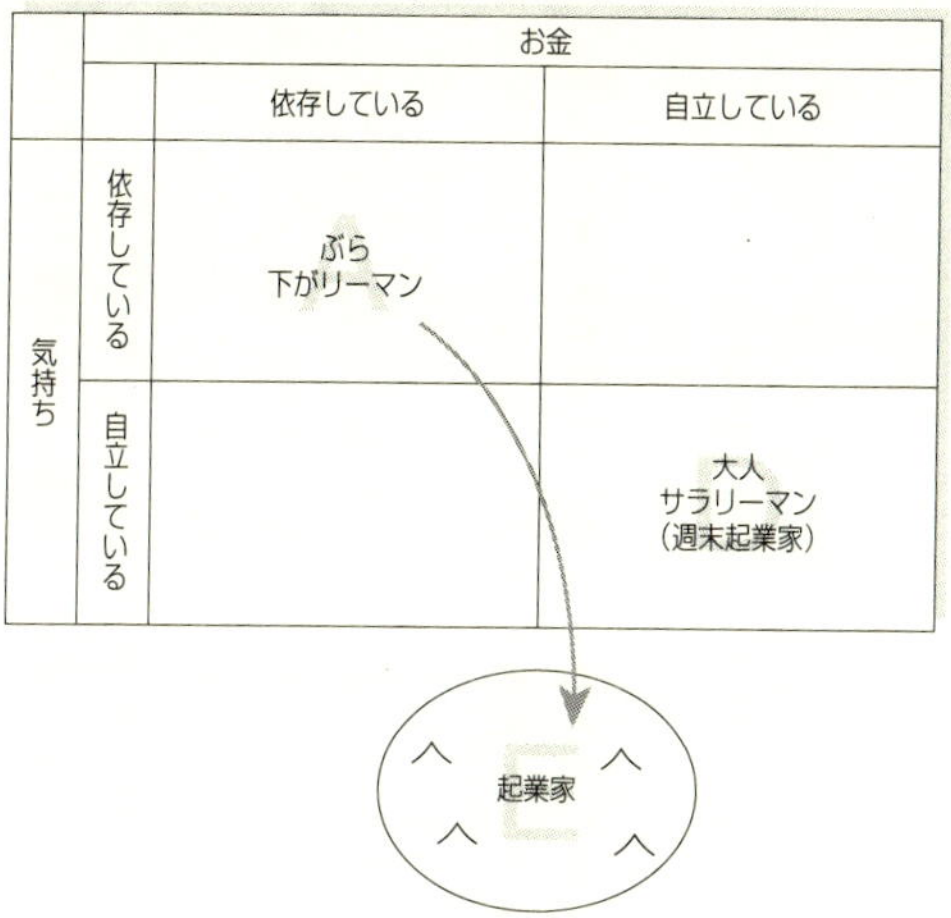

図表4 サラリーマンが起業に失敗するケース

独立開業のノウハウ本や起業支援機関などが提案しているのが、矢印にあるようなコース、つまり、A→E（起業家）です。会社べったりのぶら下がリーマンにいきなり起業家になれというのです。これは無理です。泳ぎ方も知らず、筋トレもしたことのない人をドーバー海峡に突き落とし、「横断してみろ」というような無謀な行為です。

それに対するアンチテーゼが前著『週末起業』でした。つまり、まず屋内のプールや海水浴場で泳いでみるのです。いきなりEを目指すのでなく、まずDを目指し、それからEに行こうという提案です。Dで、起業の練習と筋トレをしてから、Eという起業の海に飛び込みましょうと提案しているのです。

問題は、週末起業に興味をもったサラリーマンの全員が、いきなりDを目指したことです。Bにいる人はいいのです。趣味や特技、資格がある人ならそれをビジネスにすればいいからです。

しかしAやCにいる人はそうはいきません。まずBに移行する必要があります（図表5）。つまりまず会社から気持ちの面で訣別すること、「やりたいこと」を見つけることが必要なのです。

これがないと「何をしていいのかが分からない」ということになります。事実、相談内容の大半がこれです。Aにいる人は、まず気持ちを変え、Aからの脱却をはかるべく「や

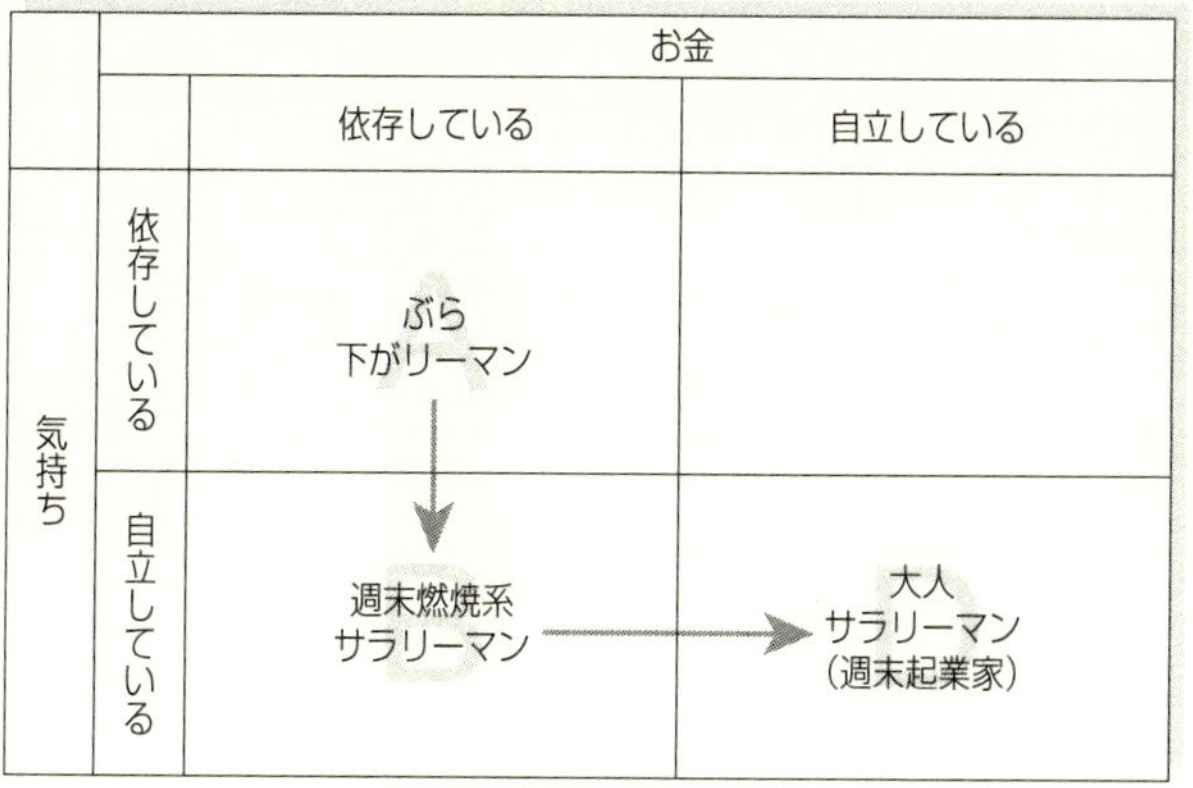

図表5　サラリーマンが起業するためのコース

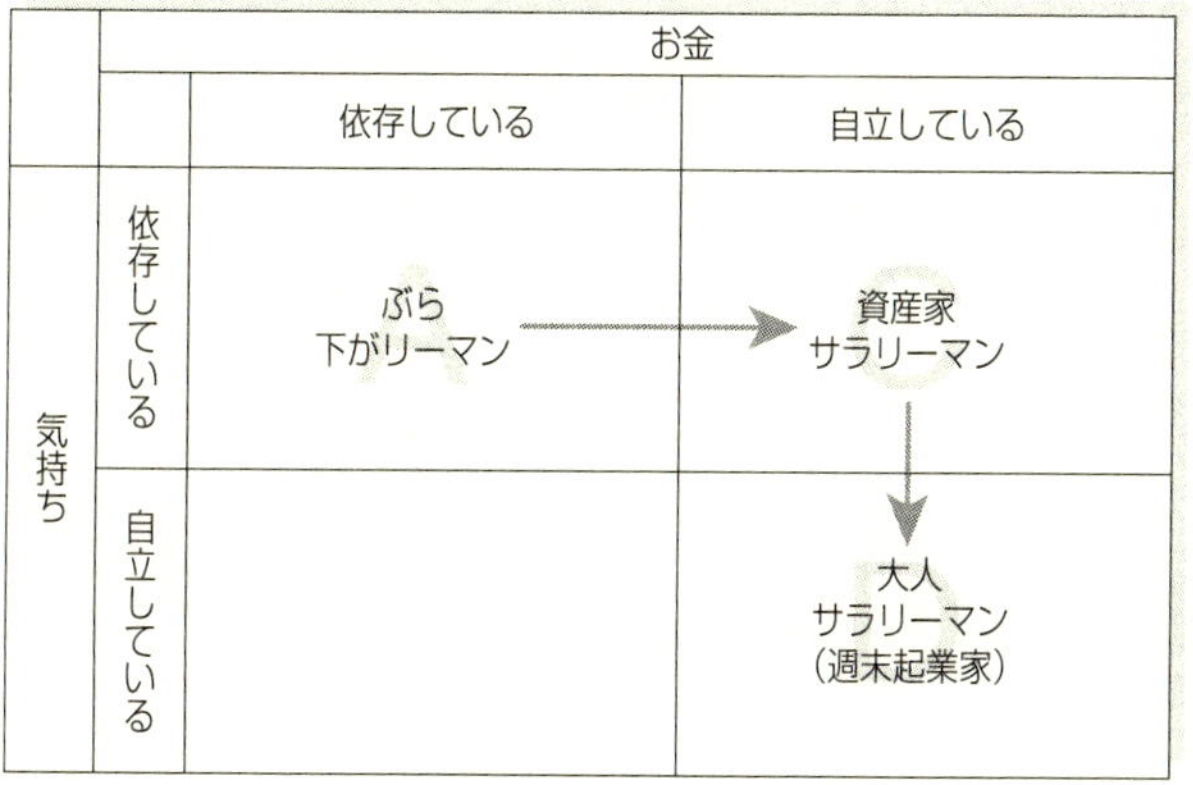

図表6　限界のあるコース

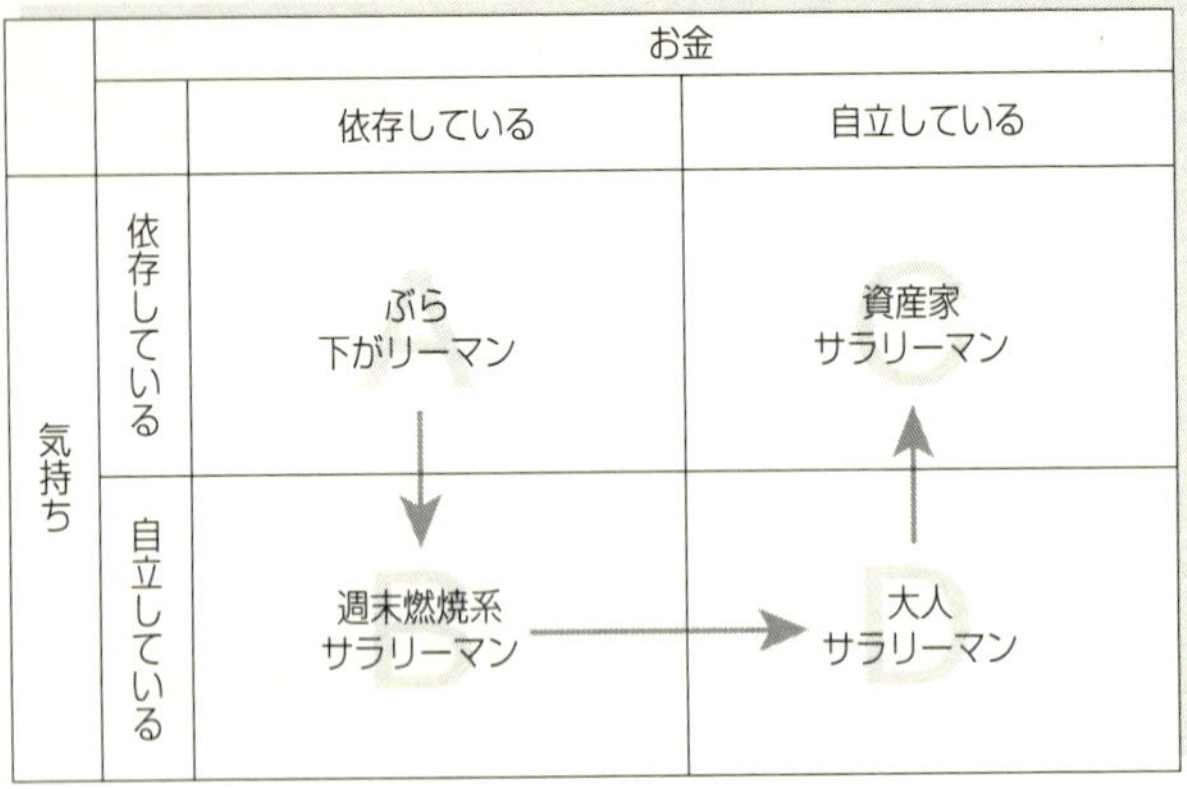

		お金	
		依存している	自立している
気持ち	依存している	ぶら下がりーマン	資産家サラリーマン
	自立している	週末燃焼系サラリーマン	大人サラリーマン

図表7　長期計画コース

りたいこと」を見つけるべきです。それから「儲け方」を考えればいいのです。

ちなみに、A→C→Dではどうでしょうか（図表6）。これは、書店に洪水のように溢れる金持ち本、成功本の提案です。しかし、このプロセスにはちょっと限界がありそうです。A→Cに移行する段階で一定のタネ銭が必要になるからです。

私は、タネ銭もないのにCにいきたいと考える人は、長期的な計画に切り替えて、まずA→B→Dというプロセスを経てから、Cの資産家を目指すという手順をおすすめします（図表7）。

＋かつて私も「ぶら下がリーマン」だった

当然のことですが、独立開業をした私は、自分でお金を稼がねばなりません。サラリーマンとは異なり、誰も毎月指定日に指定の口座に給与を振り込んではくれません。自分のウデ一本で稼いでいます。

気持ちのうえでも何かにすがることはできません。最後に頼れるのは文字通り自分だけです。そういう意味では、本当の「大人」です。

……とまあ、偉そうにいいましたが、最初は私もぶら下がリーマンでした。しかも、**コテコテのぶら下がりぶり**でした。まず、会社に入ってからの数年間は、ふつうに会社で出世することを考えていました。前著でも書いたとおり、私はバブル世代なのです。とにかくモーレツに働いて、同僚を蹴落として、できるだけ会社の上のほうに這い上がるのが人生の勝者だという価値観、そして、「モーレツに稼いだお金はモーレツに消費（浪費？）に回す、それが素晴らしい人生だ」という価値観が当たり前の時代にキャリアをスタートさせました。

そういう意味では、わき目をふる余裕もなく、会社に人生を捧げつつ、同時に盲目的に会社に依存しきった状態で生きていました。

では、そんな重度のぶら下がリーマンだった私を変えたのは何だったのでしょうか？

きっかけは二つあります。最初のきっかけは、バブルが弾けたことです。そこで保身のために慌てて資格の勉強を始めたことです。ここで少し視点が変わりました。

余談ですが実は私、今となっては資格否定論者です。資格なんかあっても、たいした足しにもならないことを、自ら体験したからです。前著で苦労話も披露しました。「資格なんか取るヒマとカネがあったら、そのヒマとカネを元手に、さっさと自分のビジネスを始めてしまったほうがいい」。それが私の持論です。

しかし、当時の私は、そこまで突き抜けた発想ができず、「資格さえ取れば何とかなる」と資格の専門学校に通い始めました。ただこれが会社と距離を置くきっかけになったのも事実です。というのも、毎週末に、いろいろな業界で働くいろいろな立場の人と、受験生という対等な立場で会うことで視野がどんどん広がったからです。会社を出ることで私はいろいろなことに気づきました。

まず、勉強をする過程で予備校に通い、教壇に立つ講師たちをみるうちに「サラリーマンを目指す前は、学校の教員になりたい」と考えていたことを思い出しました。事実私は母校に教育実習にも行っているのです。次第に「自分もいつか、人に何かを伝える仕事ができたらな」と思うようになりました。そして「資格を取得して経営コンサルタントになれば、相手は学生ではないが、経営者や従業員に教育ができるかもな」という思いを強くしていきました。

また、自分が会社に閉じこもって気にしていたこと、たとえば出世や上司の評価、営業成績、ボーナスの額、そんなものがとても小さなことであることに気づきました。

私はそれまで上司を絶対的な存在だと思っていました。しかし、上司と同年代、または上司よりも上の役職に就いている人たちと、同じ受験生として机を並べて勉強したことで、会社の上司がとても小さい存在に感じられたのを覚えています(しかも彼らのほうが出来が悪かったんです)。

資格の合格発表日は平日でした。私は外回りの時間を使って、こっそり自分の合否を確かめに行きました。そして自分が試験に合格したことを知りました。合格は小躍りしたくなるほど嬉しかったのですが、営業を抜け出して見に行った手前、本当に小躍りするわけにも行かず、ぐっと抑えてニヤニヤしながら会社に戻りました。

会社に戻ったとき、**会社の建物が妙に小さく見えた**ことを、今でもハッキリ覚えています。

†人生を振り回された海外転勤

もうひとつ、私が決定的に会社に見切りをつけた瞬間があります。それが転勤の体験です。しかも私は海外(ロサンゼルス)に転勤させられました。

もしかしたら、海外転勤などというと、「うらやましい」と思う人もいるかもしれません。でも、私の場合、海外転勤は生活を引っかき回され、踏んだり蹴ったりの体験になりました。

転勤を一度でも経験された方には共感していただけると思いますが、転勤は、会社に人生を振り回される象徴的な出来事です。とくに、海外転勤は社員の負担も大きく、それがきっかけで家庭が崩壊する人も珍しくありません。会社は決して表沙汰にはしませんが、私の周りにも海外転勤がきっかけで離婚、病気、子供の非行など、家庭をひっかき回されたという人はざらにいます。

私の場合、結婚して新婚旅行から帰るとすぐに、「アメリカへ行け」との赴任命令が出されました。命令は、紙切れ一枚です。しかも、なんと会社の規定で「家族の帯同は半年間認めない」とのことでした。新婚なのに、いきなり半年間の別居状態を余儀なくされたのです。欧米だったら、妻から即刻離婚訴訟を起こされても仕方がない境遇です。私は準備していた新居に住むことすら許されず、アメリカに飛びました。

しかもアメリカでの仕事は激務でした。アメリカ全土に散らばる日系企業をかたっぱしから飛行機と車で飛び回る営業の仕事です。数週間も家を空けることもありました。

そんなわけで、妻を半年後にアメリカに呼び寄せてからも、家を空ける日が続きました。その時、私の妻は本当によく我慢してくれたと思います。なにせ、結婚したのに亭主とはいきなり別居です。結婚しても仕事を続けることを希望していたのに、それも見果てぬ夢、退職せざるを得なくなりました。

また半年で不慣れな土地に呼びつけられ、来てみれば、亭主は出張で留守がち。日本とは言語も文化も違う環境で、文字通りゼロから生活の基盤を作り上げなければならなかったのです。

何よりも大変だったのは、赴任先のロサンゼルスは、車がなければ生活ができないという点でした。しかし、当時まだ二十代だったサラリーマンの私に、自分の通勤用と妻の分、二台の車を購入する余裕はありませんでした。それどころか私は、日本で新居用に車を一台購入していたのです。いくらなんでも二十代のサラリーマンに、一年間に三台の車を購入することなど不可能でした。

しかも当時、ロサンゼルスは治安が最悪でした。ロス暴動が起きた翌年で、発砲事件はしょっちゅうありました。夜になると街ではホームレスが焚き火をしています。とても女性が一人で出歩ける状態ではありません。

†理不尽な帰国命令で家庭崩壊の危機に

そんなこんなで、妻は数カ月間、出歩くことすらできず、来る日も来る日も家に閉じこもりっぱなしでした。精神的には極限状態に追い込まれていたと思います。赴任したときに、上司から「高層マンションの上のほうの階には住むな」と忠告されましたが、その理由がそのとき分かりました。

それでも若い私たちは、不慣れな土地で、会社しか頼れるものがありませんでした。皮肉なもので、海外に赴任した結果、資格取得がきっかけでようやく芽生えた会社からの自立の芽が、再びすっかり摘み取られてしまったように思います。そして会社への依存心は、バブルのとき以上に高まっていったように思います。

当たり前です。生活はすべて会社にかかっているのです。病気になったり、事件に巻き込まれたり、事故にあったり、何かトラブルが生じれば会社にすがるしかないのです。結果として、上司にも犬のように尽くしました。牙を抜かれ、飼い犬になっていく自分がそこにいました。

そうして約五年の歳月が流れ、不慣れな土地にも順応していきました。彼の地で子供も誕生し、友人や知人も少しずつできました。病院、学校、役所、買い物の場、ご近所づきあいなど、家族の生活の基盤が固まってきた実感を持てました。

そんな矢先、再び会社がリセットボタンを押しました。一枚の紙切れ、いわゆる帰国命令です。せっかく築いたアメリカでの生活はあっけなく根底から覆されてしまいました。

何の前触れもなく、五年間の生活をたたんで日本に帰ってこいというのです。しかも期限は二週間。

再び、我が家は戦争のようにどたばた騒ぎになりました。私はアメリカでの仕事をたたむ準備で、飛び回ります。おのずと家のことはすべて妻が切り盛りすることになります。そんなこんなであっという間に数日は経ちました。

ある夜、いつものように深夜近くに帰宅すると、電気もつけず、引っ越しの荷物を詰め込むために用意された段ボール箱に囲まれて、しくしく泣いている妻を見つけました。

それまで気丈に振る舞っていた妻ですが、実際は違いました。四年半かけて苦労して築いてきた人間関係やコミュニティとのつながりを、たった二週間で白紙に戻さねばならない現実、子供のお別れ会すら辞退しなければならないほどあわただしい帰国を、妻は受け入れてはいなかったのです。

†サラリーマンよ、もっと怒れ!

そのとき、私はつくづく「転勤というのは、むごい仕打ちだな」と思いました。

まず会社のために、有無も言わさず、家族で住むところまで会社に決められてしまうのです。**三百六十五日二十四時間、会社の都合でその場に居なくてはならない**のです。

しかも命令があれば、いつでも瞬間移動しなくてはならないのです。個人の都合などまったく無視です。「人権蹂躙も甚だしい」そんなふうに思いました。

これを読んで、「転勤ぐらいで何だ。サラリーマンなら当たり前じゃないか。がたがた言うな」そんなふうに思う人もいるでしょう。そうなのです。こんなことはサラリーマンなら当たり前の話なのです。こんなひどいことがサラリーマン社会では、何の疑問も持たれずにごく当たり前に行われているのです。

しかし、よく考えてみてください。おかしくないですか？　サラリーマンは、自分や家族が住む場所すら、会社に決められてしまう悲しい存在なのでしょうか？

たしかにこれまでは、会社が生涯面倒をみてくれる、いずれは厚遇してくれるという、見返りが期待できたのです。会社が決めた処遇を当たり前のように受け入れる悪習はそんな時代に作られたものだと思います。

しかし、今ではそんな前提は吹き飛んでいます。にもかかわらず、人生を狂わすような蛮行だけが今も、当たり前のようにまかり通っているのです。**サラリーマンはもっともっと、怒るべきだと思います。**

しかも、そこまで生活を引っかき回されて、自分と家族が得られるものは、一体何なのでしょうか。「自分は一体、何のためにガマンするのだろう」。私も、その時、自らの心に問いました。しかし答えることができませんでした。

「社長をよろこばすため？」

「会社を儲けさせるため？」

「お客さんを喜ばせるため？」

「自分の将来のため？」

そう思い、顔を上げて自分の周囲を見回せば、うだつの上がらない人たちと目が合います。私は思いっきり、かぶりを振りました。

どれも自分や家族がガマンするほどの価値があるようには感じられませんでした。幸い妻や子供に問われることはありませんでしたが、もしも赴任や帰国の命令が下ったときに「私たちは何のためにガマンするの？」と問われていたら、私は答えに窮してしまったと思います。

今だから素直に認めますが、そのときの私は、**お金のために働いていた**のです。自分と家族の食い扶持を稼ぐために働いていたのです。だからその食い扶持を提供してくれる会社の言いなりにならざるを得なかったのです。他に食べていくすべがないのですから、**会社がどんなに理不尽な要求をつきつけても、甘んじて受け入れるしかなかった**のです。

†「社畜」には家族すら守れない!?

なお、私がここで過去の自分の話を開陳したのは、私憤をぶちまけるためではありません。会社も会社の論理で、当たり前のことをしただけです。それはそのときの私にも分かっていました。

私がそのとき本当に腹を立てたのは、会社に対してではなく、自分に対してなのです。会社に生活を振り回されながらも何の抵抗もできず、黙って従わねばならない自分の弱さだったのです。家族が住むところすら自分で決められない自分の無力さだったのです。

この一件で、自分が**会社に対して丸腰**であることをハッキリ自覚しました。自分が生きていくために**会社の言いなりにならざるを得ない「社畜」**だということに気づきました。

そして「絶対に力をつけて、会社から自立してやる」と決意しました。「これ以上、会社なんかに、自分と家族の大事な人生を操られるのはまっぴらごめんだ！」、そう思ったのです。

幸い、私は資格を持っていました。そこで最初は、資格を利用して、会社を辞めることを考えました。でも、それは先輩コンサルタントに慰留されました。そして週末起業で経営コンサルティングを始め、何とか本業と同じくらいの収入を得るようになり、ついに独立開業したのです。そのいきさつは前著で詳しく書いた通りです。

このように私の場合、起業のきっかけは、普通の起業家のエピソードのように、何か「理想に燃えて」とか「天命が下って」とかではありません。個人的な事情です。考えようによっては、エゴ丸出しで格好悪いのです。でも、「私のような人間でも起業できました」ということを知っていただくことで、あなたの自信になればと思い、思い切って公表しました。

†まずは会社への依存心を断ち切ろう

私の場合「ぶら下がリーマン」→「週末燃焼系サラリーマン」への移行のきっかけは、資格の勉強でした。これがきっかけで、会社の外に活動のステージができました。そして「会社だけがすべてではない」と思えるようになりました。

さらに、会社との決別を決定的にしたのが帰国命令でした。そこで「このまま自分の人生を会社に委ねるのはまっぴらごめんだ。そのためには会社に頼らずとも食える自分になるのだ」と決意を固めたのです。

気持ちの面で会社に頼ることがなくなってからは、お金の面でも会社から自立するために、自力でお金を稼げるように奮闘するだけでした。そして騙されたりしながらも、何とかコンサルタントとしても食べることができるようになり、ようやく大人サラリーマンになったのです。経済的に自立できるまでには、二年以上かかりました。

ここでお気づきいただきたいことがあります。それは、私は最初から「これがやりたい！」と明確に自覚してから動き出したわけではないということです。

まず、生活自衛のために資格の勉強をはじめ、その過程で「自分がかつて教師を目指していた」ことを思い出し、少しずつ「いつか人に教える仕事ができたらいいな」という思いを強くしていったのです。

私が前著で「週末起業では、好きなことで稼ぎましょう！」と書いたばかりに、「好きなことでかつ、お金になりそうなものを見つけなければならないのか」と妙な強迫観念を持っている人がいます。しかし、最初からそんなものなくても大丈夫です。試行錯誤するうちにやがて見つかります。

もし週末起業をしたいのなら、まず今の自分が、気持ちとお金の面で会社にどれくらい依存しているのかを把握してみてください。そして、もし「どっぷり会社にクビまで浸かった〝ぶら下がリーマン〟です」というなら、いきなりお金儲けを考えないことです。

そういう方は、まず会社に百パーセント依存する気持ちを断ち切れるように、会社の仕事以外に「やりたいこと」「打ち込めること」を見つけることから始めたらいいと思います。

間違っても、順番を逆にしないでください。会社から経済的自立を果たすことにこだわるあまり、いきなり不慣れな不動産投資に全財産を投じたり、退職金のすべてをフランチャイズの加盟金に使ったり、怪しいマルチビジネスに手を出したりしないことです。

やりたいことが見つかったら「それをお金に変えるにはどうしたらいいのか」を考えてみてください。それは方法論の問題ですから、それほど難しいことではありません。そして、それはとても楽しい時間になることウケあいです。

こうして手順さえ間違えなければ、そしてある程度時間をかければ、誰でも自分が本当にやりたいことをやりながら、お金を稼げるようになるはずです。

こうして少しずつ、しかし確実に会社から自立していただきたいと思います。

第2章

週末起業のマネー学

ぶら下がリーマン

†本業の収入と同額を週末起業で稼ぐ

サラリーマンは、気持ちとお金の両面で会社から自立するべきです。そして、自立のための手段として「週末起業」という方法があります。これが私の一貫した主張です。

とくにお金の面で自立することは、週末燃焼系サラリーマンが、大人サラリーマンに飛躍するきわめて象徴的なできごとです。

そもそもビジネスの大きな目的のひとつは、おカネを稼ぐことです。また、お金はビジネスの成否を示す指標です。週末起業はビジネスですから、週末起業を志すならお金を稼ぐことを目指さなくてはなりません。

もちろん、実際に会社を辞めるかどうかはご本人の判断であり、それを目標にする必要はまったくありません。ただ、このご時勢ではいつリストラされるか分かりませんし、突然会社が潰れることもあり得ます。給与が途絶える事態は常に想定しておかなくてはなりません。

いざという時あわてなくて済むように、自分の稼ぎで食べていけるレベルの所得を週末起業で確保しておきたいものです。

サラリーマンは、元請が一社しかない零細企業のような存在です。会社から供給される給料に百パーセント依存して生きているからです。経営コンサルタントが、このような企業から経営の相談を受けたら、「取引先を増やしましょう」とアドバイスします。

サラリーマンも同じです。週末起業で会社の給料以外の収入源を持つことを目標にてください。

また、お金の面で会社に百パーセント依存していると、第1章で紹介した私の例のように、たとえ不本意な処遇であっても受け入れざるを得ず、結果として会社のいいなりにならざるをえなくなります。お金の面で会社から自立できれば、あなたと会社との関係は変わるはずです。

以上のことから、週末起業の成功の指標として、「本業の収入と同額を週末起業で稼ぐ」ということを目指していただきたいのです。

†給料だけが収入だと思っていませんか?

働き盛りのサラリーマンの多くがとらわれている先入観があります。それは、「**お金を稼ぐこと＝給料をもらうこと**」というものです。

お金とは、毎月決まった金額が、決められた日に、決められた銀行口座に振り込まれるものだと考えている人が多いのです。

私は、これを日々の仕事で実感します。仕事柄、連日のように現役サラリーマンにお会いしますが、彼らと話をすると非常に多くの人がこの先入観にとらわれていて、そこから抜け出そうとしないのです。

お会いする皆さんは、そうそうたる大企業の社員です。世に言うところの「一流のビジネスマン」です。でも、そういう優秀な人ほど「お金を稼ぐこと＝給料をもらうこと」という先入観から抜け出せないのです。だから昨今のように不況のあおりで勤め先があやうくなったり、給料が減らされたりすると、すぐにやれ転職だ、英会話だ、ロジカル・シンキングだ、ＭＢＡだという話になります。

しかし、これらは決して本質的な解決策にはなりえません。なぜなら、そういう努力は、歯車を辞める努力でなく、今よりもできのよい歯車になるための努力、つまり、従業員として自分をより高く買ってもらうための努力だからです。

今、危機にさらされているのは雇われるという生き方です。それに対して良い歯車になる努力は、会社から自立し、解放される努力ではありません。だから、会社が傾いたり、リストラがあるたびに不安にならざるをえないのです。

†お金に対する考え方を改める

従業員という「歯車」は、回り続けるからこそお金がもらえます。回転を止めれば、その瞬間から一円ももらえなくなります。だから歯車をやっているうちは決して引退できませんし、いつも不安にさいなまれ、回り続けることになります。

しかし、少し周りに目を転じてみれば、給料以外にもお金を得る方法はいろいろあることが分かります。例を挙げれば、起業する、自分の考えやアイデアを売る、株式に投資しキャピタルゲインを得る、不動産を購入し家賃収入を得るなどなどです。

ところが、多くのサラリーマンは給料以外の収入を得ることを考えてみようともしません。「起業できるのは一部の才能のある人だ」「不動産を買える人はお金持ちだ」「株は素人には危険だ。プロには勝てない」などと勝手に決めつけていて、そこで思考を停止してしまいます。

たしかに、人間は経験したことのないことは想像できません。サラリーという形でしかお金を得たことがない人が、他の方法でお金を稼ぐことを想像することは容易ではありません。

たとえば資格取得が流行っていますが、サラリーマンの多くはたとえ資格が取得できても、お金についての考え方を変えることができません。資格を取るときは、「将来独立したい」と言いますが、いざ資格を取得してみると、せいぜいどこかの事務所に就職するか、さもなくば、大先生の鞄持ちをして仕事のおこぼれにあずかろうとします。資格を取得しても雇われる生き方を選んでしまうのです。その理由を尋ねてみると、「まだ修業が必要なのです」などと言います。要するに独立開業をできるだけ先延ばししようとしているのです。「自分でお客をとってやろう」などという気概のある人は滅多にいません。

それは、自分でお客をとるなどして給与以外の所得を得ることは、自分にはできないという先入観にとらわれているからです。

しかし実際は多くの人が、給与以外のお金を得て生活しています。駅前の商店の主人たちも、ラーメン屋も、縁日で屋台を出す人も、大工さんやリフォーム屋さん、みんな自分でお客をとっています。世間では優秀といわれ、現実にビジネスの第一線で活躍してきた方々にできないはずがないと思うのですが、いかがでしょうか？

そんなワケで、サラリーマンには、ぜひ週末起業で給与以外のお金を稼ぐ体験をしていただきたいと思うのです。

†開業資金はゼロでもOK

ところで、週末起業をお金の側面から考えるときに気になるのが、「週末起業はコストがかかるのでは？」ということではないでしょうか。週末起業は会社を辞めずに取り組むとはいえ、起業であることには変わりありません。多くの起業家が借金をして始めることを考えると、週末起業であっても「ある程度のお金がかかりそうだ」と思うかもしれません。

一方、サラリーマンの所得は減るばかりです。最近は「ボーナスゼロ円時代」などとマスコミも報じています。高給取りの名をほしいままにしてきた銀行でさえ、ボーナスがもらえない時代に突入したのです。

収入減すらありえるこの状況で、住宅ローン、子供の養育費など、お金が出て行く要因にはこと欠きません。「今でさえ家計は火の車なのに、週末起業でさらに出費を増やすことはできない」と不安になる方もいるでしょう。

ご安心ください。週末起業を始めた方は、ほとんど元手をかけずに始めています。最近は、インターネットを使えば、元手ゼロでも商売を始めることができるのです。顧客獲得、顧客対応から、省力化まで対応できます。インターネットがあるからこそ、週末起業というコンセプトが誕生したといっても過言ではないのです。

†ある程度の投資は必要

仮に、今あなたが考えている週末起業のアイデアを実行するためには、お金が必要であるとします。そういう場合は、どんなに素晴らしいアイデアだとしても、週末起業の選択肢からはずすべきです。

たとえば、物販をはじめようとすると、仕入れ先からまとめ買いを要求されることがあります。

私は、売れるかどうか分からないうちから、週末起業家がリスクをとるべきではないと考えていますので、あまりにも高額な元手を要するビジネスに対しては、「やめておいたらいかがですか？」とアドバイスしています。

仮にボーナスがたくさん出た人であっても、週末起業が起業である以上最初からうまくいくとは限りません。だから、一度に多額のお金を投資するのは禁物です。再起できる余力も残しつつ少しずつ始めましょう。

とはいうものの、趣味と違ってある程度の投資は必要です。そこが単なる趣味と、リターンを期待するビジネスとの違いです。投資をしなければリターンはないのです。リターンがなければ、どんなに人から喜ばれようが、高く評価されようが、しょせんは趣味なのです。

「『投資をできるだけするな』と言ったかと思えば、『ある程度の投資は必要だ』と言う。結局どっちなの？」と疑問に思われる読者もいるかもしれません。実際、私の知り合いの週末起業家の方からも「どれくらい投資に回せばいいのでしょうか？」という質問もよくいただきます。

しかし、この質問に対しては、一律な回答は困難です。**週末起業に対する適性な投資額は、その人の価値観や台所事情、家族の理解度によってまちまち**だからです。

強いて目安をあげるなら、たとえば、ボーナスのうち趣味やレジャーにあてていた分のお金を、投資にまわしてみるというのはいかがでしょう。たとえば、家族旅行を一回だけ我慢してみるのです。これなら万一失敗しても、どうせ遊興費として消えていたお金ですから諦めがつきます。それに、週末起業を始めたら、最初は家族旅行なんて行けなくなりますから、家族旅行の費用を全額投じても大丈夫です。

また、儲かったら、必ず儲けの一部は次の投資に回すようにしましょう。こうして継続的に投資することでビジネスは成長していくのです。

†フローで五〇万円、ストックで三〇〇万円を目指す

ここで再び私の話をしましょう。私の場合、当初から経営コンサルティングで独立開業することを目指し、その準備・練習として週末起業を始めました。

そのため本業と同額の収入を稼ぐことが大命題でした。家族に経済的負担をかけないためには、給与と同じ額を週末起業で稼いでから辞めるべきだと考えたからです。

また**「週末起業で稼げない人間が、独立開業して稼げるようになるわけがない」**ので**自分を試すリトマス試験紙**としての意味もありました。

私の場合、独立開業を目指しましたが、皆さんも週末起業を始める前に「何のために週末起業をやるのか」を最初に明確にしておくことは重要です。これが、週末起業の計画の方向性を明確にするとともに、モチベーションを高めることになるからです。

こうして目的を明確にしたら、次に、週末起業の「目標を立てること」が重要です。ここで大切なのは、その目標は客観的な基準でなければならないということです。客観的な目標とは、誰が見ても達成度や進捗状況が、同じように判断できる目標のことです。

たとえば、収入や日程など、数値であらわせるモノがその代表です。なかでも収入は、現実的で分かりやすく、最も励みになりやすい指標です。必ず計画するようにしてください。

私も週末起業を始めるにあたって、金銭的な目標とその期日を立てました。具体的には「二年間で週末起業から得られる収入をフローで月五〇万円、ストックで三〇〇万円とする」というものでした。

「フローで月五〇万円」というのは、毎月五〇万円の入金があるということです。「ストックで三〇〇万円」というのは月五〇万円の収入から経費などを差し引いた残りを貯めていき、合計三〇〇万円にするということです。

理由を述べましょう。まずフロー月五〇万円というのは、サラリーマン世帯の平均所得が六〇〇万円前後といわれていたからです。毎月五〇万円稼げれば年間六〇〇万円になり、サラリーマンの平均は稼げていることになります（最近は年収三〇〇万円で生活する方法もあるみたいですから、月に二五万円稼げば十分なのかもしれません）。

次に貯金三〇〇万円という数字の根拠です。これは有限会社を設立するための最低資本金が三〇〇万円であることに由来しています。このあたりは、始めてみなければ分かりませんので、あくまでも目安だと思っていましたが、日本の会社の多くが有限会社であることを考えれば、だいたい三〇〇万円くらいあれば、事業の準備資金としては十分なのだろうと思っていました。

実際にはストックベースでは楽々、フローベースではぎりぎりクリアできました。ただ、日程的には二年では無理でした。

いずれにしても、こうした目標を一応立てたうえで、私は週末起業をスタートしたわけです。

†元手ゼロの仕事を見つける

ところで、私が週末起業経験をとおしてお金に関して学んだことは、まず「元手のかからない仕事を選んでよかったな」ということです。

経営コンサルティングというのは、身一つでできる、元手のかからない商売の代表です。元手のいらないビジネスだからこそ、すぐに始められ、予定どおり短期間で目標を達成できたのだと思います。

また、これも結果論ですが、当初目標にしていた〝独立開業資金三〇〇万円〟は結局、必要ありませんでした。

考えてみれば、起業したばかりの会社の資本金は、業種にもよりますが、ふつうは経営者の給与と事務所の保証金などに消えます。売上げから外部に支払った残りで経営者の給与までまかなえるようになるまでには、起業して数カ月から半年程度は時間が必要だからです。

しかし、週末起業を経て起業する場合、最初から給与をまかなえるくらいのキャッシュフローはできています（できているから起業するのですから）。また、私は独立したときにすでに事務所も借りていました。だから、こうした蓄えは不要だったというわけです。

いずれにしても起業時に給与を調達する道が確保されているということは、起業に伴う精神的な負担を軽減してくれます。

私は、**ビジネスの成否は、投資効率で評価されるべき**だと思っています。一億円の元手で二億円を稼ぐ人より、一〇〇〇万円で五〇〇〇万円を稼げる人のほうがすごいと思うのです。

もちろん、金額の大小を比較すれば、前者のほうがはるかに大きいのですが、投資効率でいえば後者に軍配が上がります。

週末起業家は、小さな資本で始めますが、やり方次第では大きく稼げます。ですからぜひ売上げではなく、投資効率の高さを誇っていただきたいと思います。

起業家として投資を続けていけば、次第に投資の腕が上がってきます。自分の投資の上達具合に応じて、投資額を増やしていけば、売上げも大きくできるようになります。一〇〇〇万円を一億円にすることもできるようになるのです。

もちろん、業種によっては、最初から資金が必要なものもあります。たとえば、製造業や、店舗を構える小売店、飲食店などです。

私は行政の仕事などで、こういうビジネス立ち上げのお手伝いもしますが、週末起業ではない一般の起業家でどうしても資金が必要という方にアドバイスする際には、次のような五つの手順で資金を調達するようにアドバイスしています。

① 何が必要かをリストアップしてみる。
② それを揃えるのにいくらかかるのかを調査し見積もる。
③ 自分がいくら持っているのか確認する。
④ いくら足りないのかを把握する。
⑤ 不足分をどのように調達するのか検討する。

その際、少なくとも必要資金の三分の一は自己資金でまかなうことをおすすめしています。そして、残りの三分の二は、もらうか、借りるか、誰かに出資してもらうか、資産などを処分して作り出すかすることをご提案しています。

なお、借りる場合には「国民生活金融公庫」の「新規開業者経営改善貸付」、「中小企業総合事業団」の「創業転業時貸付」、地銀や信金・信組などの融資などが利用できます。

週末起業も起業ですから、基本は同じです。ただ小資本が大前提ですから、上記の④以降は異なります。もし自己資金でまかなえないなら、調達せずに、そのビジネスを断念、他の選択肢をあたるのです。リスクを徹底的に排除する週末起業では、手元の資金でできないことは、どんなに素晴らしいビジネスも選択肢から外すべきです。

あとはアイデアで乗り切ります。たとえば、必要なモノはできるだけ中古品を使う方法があります。

最近は、オークションでいろいろなものが調達できます。また家具などはインターネットで中古家具屋を探してみるといいでしょう。掘り出し物がいくらでも見つかります。なかには商品の画像をホームページで公開している店もあります。そういうところは電話で注文すれば配達してくれますので全国のお店から取り寄せることができます。

たとえば、私が使っている本棚は千葉の中古家具店で調達したモノです。机は、倒産した会社からタダでもらいました。縁起が悪いという人もいますが、気にしなければ節約できます。

†家族を巻き込んでコストダウンを図る

なお、仕事が忙しくなれば、人にお願いすることもあるかもしれません。これもお金がかかります。その場合も、いきなり固定的なスタッフを雇うのでなく、まずは家族に協力してもらいましょう。もちろんご主人や奥さん、子供であっても、きちんと給料をお支払いします。

週末起業フォーラムでは、業務の多くを週末起業家にお願いしていますが、会報誌や教材を発送している週末起業家は、封入から発送までをお子さんに委託しています。本人いわく、「これが子供の起業家教育に役立つ」とのことです。

自分の家族に頼みにくければ、できるだけ安いアルバイトを活用します。人材を探すときも雑誌や新聞の求人欄などに募集広告などを出すと高くつきますので、知人などをあたるといいでしょう。

私の週末起業時代には、勤めていた会社の職場の女性社員にお願いしました。とくに、結婚や出産で退職した人がねらい目です。そういう人たちの退職タイミングはボーナスの支給月に合わせて設定されていましたから、退職しても、しばらくは退屈しています。

そこで、彼女たちにアルバイトとして自分の週末起業の仕事をお願いしました。気心の知れたかつての同僚に、安く（彼女たちは、所得税などの負担を嫌い、年間一〇三万円以上は稼ぎたがりませんでした）しかも、ハイクオリティな仕事をしてもらえるのです。大いに助かりました。

ただしこの場合、頼んだ人を経由して、自分の週末起業が会社に知られてしまう可能性があります。退職した後も、かつての同僚と連絡を密に取る可能性があるからです。会社に内緒で週末起業をやっている人は、やめておくのが無難でしょう。

†自分の時給を換算せよ

かつて私がやっていたことで、週末起業家にもぜひ試していただきたいことがあります。それは**自分の人件費を決め、コストに反映させる**ということです。

よく独立開業して経営コンサルタントを名乗る人のなかに「私は年収一〇〇〇万円です」と豪語する人がいます。そういう人に対して、「あなたの時給はいくらですか?」と尋ねると、受験校などで教えているときの自分の講師料が時給五〇〇〇円であることから、「五〇〇〇円です」などと豪語します。

ところが、ビジネスの実態についてよくよく聞いてみると、じつは不眠不休で働いていたりします。仮にその人が週休一日で、一日一五時間以上働いているとしたら、年間の総労働時間は五〇〇〇時間以上になります。それを時給換算すれば、その人の時給は二〇〇〇円を切ってしまいます。

私は、週末起業でも時給三〇〇〇円を目指すべきだと思います。

その数字の根拠は、年収六〇〇万円のサラリーマンの一年あたりの平均労働時間を二〇〇〇時間と仮定した場合、時給に換算すると時給三〇〇〇円となるからです。

もし、前出のコンサルタント氏も「自分の時給は五〇〇〇円だ」と言い張るなら、商売としては年間一五〇〇〇万円の赤字です（売上げ一〇〇〇〇万円－人件費二五〇〇〇万円＝▲一五〇〇〇万円）。

このように、自分の時給を換算して人件費としてコスト化して考えると、商売はなかなか黒字にならないことが分かります。また、時給換算した上でサラリーマンなみに稼ぐことの大変さも分かるはずです。

†経営者の思考を肌で覚える

上述のコンサルタント氏の例を反面教師に、元手のいらないビジネスであっても、実際には自分の時間というコストがかかっていることは忘れないことです。

仕入れに要するお金（いわゆる原価）や、交通費、通信費などは外部に出ていきますので自ずと敏感になります。ところが外部に出て行かないお金、すなわち自分の労働時間などを人件費換算して考慮に入れると実はコストとしては膨大になります。

とくに、週末起業家にとって時間は財産です。自分や家族の人件費は、きちんと時給換算してコストに投じるという発想がとても大事なのです。

この発想は、決して突飛な発想ではありません。会社を作り、経営者になればすぐに分かることです。実は、経営者も自分の給料を役員報酬というかたちで会社からもらっています。これは一人事務所でも同じです（だから法人化すると、自分で自分に給料を払うという、なんだか間抜けなことをします）。

この給料、会社からみればただのコストです。小さな会社であれば、この自分の給与をいくらにするかで会社の業績が大きく変わってきます。だから、自分の会社の業績を良くするために経営者は、自分の給料を抑えてでも、会社を黒字にしようと懸命になったりするのです。

こういう経営者感覚を身につける意味でも、週末起業のうちから、自分の希望時給を決めてください。そしてそれを人件費として計上した上で、なお黒字になるようにがんばってください。

†週末起業で投資感覚を養う

自分の時給に加えて、週末起業のなかで身につけていただきたいもの、それは**投資マインド**です。

サラリーマンと起業家の考え方の違いのひとつに、出て行くお金に対する考え方があります。サラリーマンにとってお金が出ていくことは、「消費」または「出費」です。出て行ったら最後、そのお金は返ってきません。

毎月一回、給与口座にお金が入ったら最後、あとはお金は出て行くばかりです。だから、サラリーマンは滅多に銀行で記帳しません。給与の金額は分かっていますし、あとは減るばかりで不愉快になるからです。

そして、できるだけ出ていくお金をケチケチします。これは、きわめて合理的な行動です。なぜならサラリーマンは、出て行くお金を増やしたところで、給与というリターンが大きくなることはないからです。

皆さんの会社にも、気前のいい上司はいるかもしれません。でも、彼らの気前の良さは、自分の権限を使って会社の経費を使うことが前提です。要するに会社の接待・交際費を、部下に配分しているだけです。部下も上司の財布が痛んでいないことを知っているので「ごちそうさま」の一言も言いません。

しかし、身銭を切ったところで自分の給与が上がるわけではないのですから、彼らがケチなのは合理的な行動なのです。

†起業家にとっては節約の時間が無駄

サラリーマンは、お金の入りを増やそうにも増やすことができません。だからお金を増やしたければ、出口を絞ろうという発想になります。

最近は厳しい時代を反映して、サラリーマン向け雑誌にも節約ノウハウがよく取り上げられています。もともと節約ノウハウは、奥さま雑誌のお得意の分野でした。ところが昨今の不況で、サラリーマンにも人気のテーマになっているようなのです。

その節約法は涙の出るようなモノばかりです。たとえば、お昼を三八〇円のほか弁に抑える、喫茶店に入らなくて済むようにディスカウントショップで箱買いした缶コーヒーを持たされてでかける、お得なクーポンや金券、クレジットカードのサービスを使いこなすなどが紹介されています。

しかし、こういうケチケチ発想は、典型的なサラリーマン的発想です。起業家はこんなことはしません。なぜなら、時間と手間がもったいないからです。その分、その時間と手間を他に回したほうが、効率よく稼げることを知っているからです。

たとえば、ほか弁を公園のベンチに座って食べるなら、誰かに会いながら、相手のランチもおごってあげたほうが効率よく稼げます。

実は、**会う人を選べば、昼食時の話に五万円や一〇万円の価値を引き出すくらいは簡単**です。ビジネスのヒントをもらうこともあれば、もっと直接的に仕事をもらうこともあります。「お昼のお礼に」とお客さんを紹介してもらうこともあります。私自身も、講演で話せば講演料がいただける話を、相手にただで話していることがしょっちゅうあります。

相手に昼食をごちそうすることなど、そこで得られる情報に比べれば、安いものなのです。

†「消費」なのか「投資」なのか？

だからといって起業家がお金に無頓着というわけではありません。起業家はお金が出ていくときには、それが「消費」なのか「投資」なのかを考えるのです。もしそれが「投資」だと判断したら、次にリスクを考えます。そのリスクが許容範囲内なら、投資を惜しみません。なぜなら投資したお金は一度は出ていきますが、うまくすると何倍にもなって返ってくるからです。

そもそも「起業家的発想」では、**お金は一度、自分の手元から出ていかないと入ってこないもの**なのです。お金は本来、誰かが給料日に一定の額を、必ず毎月振り込んでくれるものではありません。まず使った上で、何倍にもして取り返すものなのです。

たとえば、メールマガジンに広告を載せると、たった五行×三〇文字の広告に場合によっては三〇万円以上の費用がかかります。これは高いでしょうか、安いでしょうか？　あなたはたった一五〇文字のメールに、家族でハワイ旅行に行けるほどの大枚を投じることができますか？

「サラリーマン的発想」ならば、それは高いと感じるでしょう。しかし起業家的発想なら、それはリスクとリターンの大きさで判断することになります。

仮にそのメールマガジンの広告経由で登録した読者から、毎月広告収入や物販などで合計一〇万円の利益が見込めるとしたらどうでしょう。三カ月で元が取れます。四カ月目以降はタダでお金が入ってくる計算です。

しかし家族でハワイに行くのは「消費」です。家族でハワイに行っても、お金は一銭も返ってきません（もちろん、「子供がハワイ旅行で見聞を広め、将来お金を稼ぐ契機になる」ということも考えられますが、それはこの際別です）。

このように起業家は、出ていくお金が高いか安いかは、「そこからどの程度のお金が返ってくるか」と「それを失ってしまう可能性がどれくらいあるか」の二つの観点から判断します。

そして返ってくる見込みが大きいと判断し、元手を失ってしまうリスクが、自分の許容範囲なら、惜しみなく使います。返ってこない「出費」と判断するなら、とことんケチります。闇雲にお金を出し渋るのとはわけがちがいます。それが起業家的なお金に対する考え方と、使い方というものです。

†家庭環境で異なる金銭感覚

お金に対してサラリーマン的に接するか起業家的に接するかは、職業よりも、その人の家庭環境の影響が大きいようです。これを実感できるエピソードを紹介しましょう。

私は、大学生のとき、四年間連続で学園祭で焼鳥の屋台を出店しました。焼鳥屋を選んだ理由は、「面白そう」「商売の勉強になるだろう」、そして「儲かるだろう」の三つです。

私の母校である慶應義塾大学の三田祭は、学園祭とはいえ、動員数二十万人というビッグイベントです。うまくやれば大きなビジネスチャンスになります。

私は、一年生のときに友人と二人で焼鳥屋を出しました。焼鳥なら串に刺さった冷凍のものを買ってきて焼くだけですから簡単です。人手は友人をかき集めました。みんな面白がり、大学生活の思い出作りということで、無給で手伝うことを約束してくれました。

ただし、原材料の仕入れやレンタカー、什器のリースなど、八〇万円程度の元手が必要なことが判明しました。これは学生二人が用意するには大きすぎる金額です。そこで友人や店を手伝いたいという仲間に協力を求めました。ところが、「店は手伝うが、お金はちょっと……」というつれない返事ばかりが返ってきました。そこで、一口五〇〇〇円で広く出資を募ることにしました。元本は保証しないが、利益が出ればそれを元本に上乗せして配当することを約束したのです。

それでも、私たちの焼鳥屋に出資をしようという人間はわずかでした。どう考えても、損するビジネスではないのにもかかわらず、です。集客は保証されていますし、二〇円の串を六〇円で売る粗利率六割以上のビジネスです。しかも人件費も場所代もほとんどタダなのです。天候不良などで延期されることはあり得ますが、それでも元本割れする可能性はかなり低いといえます。結局、本当に親しい友人数名が、寄付のつもりで二口ほど買ってくれるのがせいぜいでした。

そのとき、一人だけ何のためらいもなく、ぽんと二〇万円を出した人がいました。中堅オーナー企業の経営者の息子でした。仮にA君としましょう。A君は「店を手伝う気はないけれど、お金だけなら出してもいいよ」と言って、二〇万円を即金で出してくれたのです。

彼の他にも数名の出資者がおり、残りは我々二名の出資で何とか資金が集まり、無事、焼鳥屋が開店できました。結局、店は大繁盛。相当な利益が出ました。配当は出資額の二倍を超えました。我々出資者は元本を四日で二倍にしたのです。とくにA君はまったく働くことなく、二〇万円を約四〇万円にしたことになります。

そんな彼に対して、周囲は大ブーイングをしました。「働きもしないA君が儲けて、毎日油まみれになって働いた自分たちに、何の見返りもないのか」というワケです。私は内心「最初からその約束だっただろうが」と思いましたが、このときの恨みがその後の学生生活にも尾を引くと、試験のときにノートも借りられなくなると思いました。そこでA君の合意を取り付けた上で、不平不満の友人たちを「慰労会」と称して駅前の飲み屋でもてなしたのです。彼らはそれで大いに満足してくれました。

「利益が出ようと出まいと働いた分だけお金がもらえる」。これは**典型的なサラリーマン的な発想**です。一方、投資家や起業家は**「利益が出たら、自分がとったリスクに応じて山分けできる」**と考えます。

このケースでは、二〇万円をポンと出した経営者の子息は投資家、店を手伝った友人たちが従業員、私ともう一人の発起人が起業家ということになります。

このように、お金に対する考え方は、学生のころからすでに違っているようです。おそらく家庭環境をはじめとする、育ってきた境遇の影響が大きいのでしょう。事実、起業家は両親も自営業者というケースが多いようです。

もちろん、お金に対する考え方は、実践するなかで養うこともできます。ですから、「親も自分もサラリーマンだ」という方は、ぜひ週末起業で起業家の投資感覚を養っていただきたいと思います。

†「働くこと」を放棄する若者たち

誤解のないように付け加えておきますが、私はA君のように楽をして儲けることを推奨しているわけではありません。「収入を得る方法は一つではない、自分の労働を企業に売り給与をもらうだけが、お金を稼ぐ唯一の方法ではない」ということを言いたいのです。楽して儲けることの是非を問われれば、私はむしろ否定的な考えです。

最近、起業家の相談に乗っていて気になることがあります。それは、**とくに若い人を中心に「楽して儲けたい」という風潮が高まっていること**です。これに対しては危機感すらおぼえます。昨今の厳しい経済情勢が、就職難やアルバイト難にもつながって、彼らの金銭に対する考え方に影響を与えているのでしょうか？

「働かなくてもお金が稼げるようになりたい」という若者に、「じゃあ、そのお金と暇で何をするの？」と尋ねると、単なる余暇やレジャーだったりします。若いうちからそんなご隠居のような生活をして何が楽しいのかと思います。

私は起業の最大の魅力は「やりたいことを、やりたいように、やりたいだけできること」だと思っています。だから**「働くこと」そのものを放棄した彼らの発言には戸惑います。**

もちろん起業する以上、ビジネスオーナーを目指すべきだとは思います。ビジネスオーナーとは、ビジネスそのものを所有する人のことで、自分が働かなくても勝手にお金が入ってくる人です。つまりビジネスオーナーを目指すとは、自分のビジネスを自分がいなくても収益を生むように育てることをいうのです。ただし、これはあくまでゴールであって、最初から楽にお金儲けをしようということではありません。

そもそも、できあがったビジネスをソックリ買えるほどの資産家ならともかく、そうでもないのに最初から楽にお金儲けなどできるはずがありません。そんなものを探し求めているから詐欺に引っかかるのです。

働かずに儲けても一つも面白いことはありません。起業家というのはビジネスが自分の手を離れたら、また次のビジネスを立ち上げずにはいられないほどビジネスが好きな人種です。**「起業の醍醐味は、ビジネスオーナーになる過程、すなわちお金を生み出すビジネスを作る過程にこそある」**という考え方ができる人こそ起業家なのです。にもかかわらず、この一番楽しい時間を省略してしまうことは、できあがったプラモデルを買うようなつまらなさを感じます。私には考えられません(余談ですが、ある株の専門家も「投資に使うタネ銭を稼ぐまでが一番大変なんだけど、一番楽しいんだよなあ」とおっしゃっていました。起業の世界も株式投資の世界も同じようです)。

いずれにしても、ビジネスオーナーになりたいなら、まず自分のお金か、時間か、知恵か、汗か、いずれかを投資するしかないでしょう。お金がないなら、それ以外の何かを投じるしかないのです。

「おあずけ人生」を卒業しませんか?

ただ、週末起業家はタネ銭を稼ぐ過程を、茨の道にすべきかといえば、それも違います。「素晴らしい未来のために、今はじっと我慢だ」という生き方はさびしいものです。我々はすでに結構生きてきています。これ以上待つべきではありません。素晴らしい未来が来る前に、死んでしまうかもしれないじゃないですか。

とくに、幼いときから自分のやりたいことを我慢して、「高校に入ったら、大学に入ったら、社会人になったら、管理職になったら、子供が大きくなったら」と自分に「おあずけ」を食わせ続けてきた人は要注意です。次には「定年退職したら……」という具合に先延ばしするからです。もういい加減、そんな「おあずけ人生」は卒業して、今すぐやりたいことをやるべきです。

そのためには、やはり好きなことで起業するべきです。本当に経済的に自立したら、普通はあり余るお金と時間で好きなことをするでしょう。だったら好きなことをテーマに起業して、好きなことをしながらお金を稼ぎつつ、経済的自立を目指せるように頭をひねりませんか？

定年退職を目前にした人のなかには「退職したら、毎日釣り三昧」などという人がたくさんいます。でも本当に退職してから毎日釣りをする人は、ほとんどいません。結局、三日で飽きて仕事に戻るそうです。

そんなに釣りが好きなら、定年後の楽しみでなく今すぐ「漁師」になればいいのです。……といってても難しいでしょうから、釣りがらみのビジネスで週末起業をすればいいのです。「好きなことをやりながら経済的自立を果たす方法はないか？」と頭を捻るのはとても楽しい時間になるはずです。

†週末起業のマネー学、独立開業のマネー学

ところで週末起業が軌道に乗ると、最初は独立開業を考えていなくても、誰しも「そろそろ独立しようかな……」と考えると述べました。

とくに週末起業から得られる収入が、本業の収入と同額になったり、それを超えてしまったりすると当然そういう考えが頭をよぎります。

そのとき大事なことは、サラリーマンと起業家では使えるお金が違うということを知っ

ておくことです。

まず、サラリーマンの給与口座に振り込まれるお金は、基本的に税や社会保険料などを引いた残りです。だから、（住宅ローンや教育費に充てる分を除いて）すべて自分の裁量で自由に使えるお金です。

週末起業のうちも、儲けたら当然納税義務がありますが、社会保険料などの大半は会社の給与から引かれます。

ところが、週末起業を卒業して独立開業するとビジネスの口座に入るお金はすべてが自分の所得ではありません。そこから人件費や事務所の家賃などの経費のほかに、税金はもちろん社会保険料（国民健康保険、国民年金）が引かれることになります。そこで残ったお金が、はじめて使えるお金ということになります。

ただし独立して、個人事業主になると、自宅を事務所にしていれば自宅の家賃や駐車場代、車購入費、パソコン購入費、水道・光熱費などのうち事業の用途に用いた分は経費にできます。

ところがサラリーマンの場合、家で仕事をしようが、仕事用のパソコンを買おうが、雑誌を買おうが、税引き後の自分の給与から捻出しなければなりません。

このようにサラリーマン時代のお金と独立開業してからのお金は、単純に比較することができないのです。

†いくら稼げば今の生活を維持できるのか

だから、単純に「週末起業からの入金が、会社からもらう給与と同額になったから」といって独立しても、同水準の生活が維持できるわけではありません。

あくまでも概算ですが、会社勤めの人がどれだけ売上げをあげれば独立しても今の生活費を維持できるのか、試算してみましょう。

ここでは仮に、年収六〇〇万円のサラリーマン（専業主婦の妻と一子）のケースを考えます。税金と社会保険料を除いた残りはおよそ四九九万円になります。それを十二で割ると、月約四一・六万円になります。これが生活費に充てられるお金になります。

この人が独立開業して個人事業主となり在宅で仕事をする場合、これと同額の生活費を確保するには毎月いくら稼げばいいでしょうか？

試算にあたりサラリーマンの給与収入に相当する収入として売上総利益（粗利）を用いました。これはいわゆる売上から商品の仕入れなどに要する金額をマイナスしたものです。まず、売上総利益から経費と税金と社会保険料をマイナスします。上述の通り自宅を事務所にすることで、生活費のうち事業に用いた分を経費に計上することができるので、生活

●サラリーマン（35歳　妻と1子）		●事業主（同左）（単位：千円）		
給与収入	6,000	売上総利益(粗利)※1	6,600	
給与所得控除	1,740	経費	1,000	528
基礎・扶養控除	1,140	基礎・扶養控除	1,140	
		青色申告控除	550	
社会保険料合計	687	社会保険料合計	688	
課税所得	2,433	課税所得	3,222	
納税額計	316	納税額計	447	
社会保険料合計	687	社会保険料合計	688	
手取り	4,997	手取り	4,465	
手取り（月額）	416	手取り（月額）	372	

家賃	120	家賃	80 →	40
車関連	20	車関連	16 →	4
その他生活費	276	その他生活費※2	276	
生活費合計	416	生活費合計	372	44

経費に計上可能な部分

※1　売上額から商品の仕入れなどに要する原価をマイナスした額。ここではこれをサラリーマンの給与収入と比較している

※2　その他、水道光熱費、通信費、交通費、交際費などのうち事業に用いた分は経費に算入が可能。

図表8　独立して現在の生活水準を維持するにはいくら稼げばいいのか?

費四一・六万円のうち、家賃、自動車関連の費用の一部（四・四万円）が経費になります（ほかに水道・光熱費、通信費、交通費、交際費も事業に用いた分は充当可能）。するとサラリーマン時代と同水準の生活費を確保するには手取で月額三七・二万円が必要になります。それを可能にするためには年間六六〇万円程度の売上総利益が必要ということになります。

†老後資金を考える

このような試算を元に、世にある起業本や起業セミナーでは「起業してサラリーマン時代の一・一倍を稼げるようになれば独立できる」などとアドバイスしています。

しかし、私はこれではまだ不十分だと考えます。なぜなら、上述の試算ではあくまでも月々のキャッシュフローを確保したにすぎないからです。

実際には、サラリーマンなら退職金がもらえますし、また万が一の場合、労災や失業保険などがもらえます。さらに、だいぶ怪しくなってきましたが、年金も今のところサラリーマンが入っている厚生年金のほうが、事業者の入っている老後に基礎年金しか受給できない国民年金よりも優遇されています。

実は、個人事業主にも、こうしたサラリーマンとの格差を補塡する制度があります。それが「小規模企業共済制度」と「国民年金基金」です。

前者は、小規模企業の個人事業主や会社役員の退職後の生活安定のための共済制度で、事業主の退職金制度といわれています。毎月の掛け金は最大七万円です。

後者はサラリーマンの加入する「厚生年金基金」に比べ「基礎年金」しか受給できない自営業者のために創設された制度です。こちらの拠出額の上限は最大月六万八〇〇〇円です。

実際に多くの事業者が加入しています。これらに加入して、はじめてサラリーマン並みの保障と老後資金を確保できたといえます。これを加算すると月々の負担は、さらに約一四万円程度大きくなります（ただし、これらは課税所得を算出する際には控除することができ、税額を減らすことができます）。

†本業を辞められないもうひとつ別の理由

また、実際に退職するにあたっては、こうした計算だけで決断できるものではありません。

実をいうと、独立開業の足がかりとして週末起業をはじめ、本業なみに稼げるようになった私も、スムーズに起業に踏み切れたわけではありません。心の中にさまざまな計算と葛藤がありました。「何度もこのまま週末起業でいいんじゃないか」と思いました。たとえ独立開業に踏み切らなくても、時間的には何とかやっていけたと思います。

私は「独立開業したいなら、週末起業で本業と同じだけ稼いでからにしましょう。そうすればリスクはありませんよ」とほうぼうで提唱していながら、その一方で、実際にそうなったとしても、独立開業の決断をすることは簡単ではないことを感じています。

理由はいくつかあります。

まず、週末起業で本業と同じ所得を稼ぐようになれば、所得は始める前の二倍になったことを意味します。しかしそこで本業を辞め、独立開業すると、**収入は一挙に半分**になります。それをすんなり受け入れられる人は多くないはずです。少なくとも家族は「できればそのまま週末起業を続けてほしい」と思うはずです。

もう一つ引っかかるのが、**週末起業の大成功者も、起業家としては鼻たれ小僧**ということです。週末起業で「副収入が月五〇万円」といえば、「すごい」と言われ、いろいろなマスコミから取材を受けることになるでしょう。ところが、独立して月商五〇万円では、取材はおろか酒の席の話題にもしてもらえません。

結局、独立開業するか、留まるかの経済面の判断は、「会社を辞めることで失う給与所得」と、「会社を辞めることで生まれる時間を使って増やせる所得」との比較になります。

これは、向こう数十年という長期的な予測を立てる必要があるために不確定な要素が多く、結局、去就の決断に苦しむことになるのです。

†帰属する場所を失う虚しさ

さらに独立開業になかなか踏み切れない理由がもうひとつあります。それは心の葛藤です。サラリーマンが会社と決別することは本当に難しいのです。

不本意な処遇によって会社からの決別を誓い、一方では週末起業で十分な収入を得ていた私でさえ、なかなか退職できませんでした。それは、気持ちがネックになっていたからでした。

とにかく会社は居心地がいいのです。入社したときから共に過ごしてきた同期、お世話になった上司、結婚式で司会をしてあげた後輩、家族ぐるみでつきあいをさせていただいた人たちと別れるのがどうしても寂しく、別れがたいという思いが胸を去来しました。

具体的に、誰と別れるのが寂しいというわけではないのですが、自分がそういう、共に笑い、共に泣いた仲間のいる会社というコミュニティの一員でなくなってしまうことに、言いしれぬ寂しさを覚えたのです。

私は、ありがたいことに同僚には温かく見送っていただき、自己都合で辞めるのに送別会までやってもらえました。そのとき「あぁ、彼らと別れるのだなあ、こうした飲み会にも、二度と参加できなくなるのだな」という感情が胸にこみ上げてきました。

一言でいえば、居場所を失う寂しさ、家族を捨て去るような気持ちです。会社にはとうの昔に見切りをつけていましたが、同僚とのつながりには未練があったのです。

信じられないかもしれませんが、退職してからも、私はまだ**気持ちの上では自立できていなかった**のです。実は、退職したその日から、ストレスが原因だと思いますが、体調を崩して寝込んでしまったのです。

体を壊すと、仕事ができなくなります。こうなるともう不安で、いてもたってもいられなくなりました。サラリーマンと違って、独立開業をすると仕事は誰も片づけてくれない（＝お金にならない）のです。それは週末起業時代に身をもって体験してきたことです。

しかもその不安は、家族にも相談できません。相談すれば、家族はもっと不安になるからです。そのときは真剣に、会社に土下座して復職させてもらおうと、何度か受話器に手を伸ばしました。

以上が、会社から気持ちの上で自立することの難しさを物語る私の体験です。すでに週末起業をしていて、給与の面では会社に頼る必要のなかった私でさえそうだったのです。サラリーマンの会社への依存心の根深さは決して侮れないと思います。

†週末起業の虜になると本業を辞めずにいられなくなる

ではなぜ私はそれでも退職したのでしょう。もちろん海外出張からの帰国命令が契機になって「辞めてやる！」と思っていたのですが、それを誰かに話したわけでもありませんから、そのまま残ろうと思えば残れたはずです。

それでも辞めたのは、やはり精神的な理由です。まず**同僚の二倍の所得を得ている後ろめたさ**がありました。それ以外にも、**上司や仲間に隠し事をしている後ろめたさ**が、大きな精神的な負担になっていました。

また、これは私の特殊なケースだと思いますが、業種が経営コンサルタントだったので、これが私の精神的負担をより大きくしていました。

会社では三十代前半といえば、最前線で戦う兵隊のような存在です。たとえば接待の場では会場の手配はもちろん、当日のお酌係、タクシーの手配、二次会の盛り上げ役まで、雑務はすべて引き受けることになります。

一方、週末起業のコンサルティング業で、応対する相手は社長です。その社長に「先生」と呼ばれます。夜は、ご当地の名産品でもてなされます。あるとき、地方のクライアント先に出向いたときなど、空港に黒塗りの車のお迎えが来ていてビックリしたことがあります。そして月曜の朝、出社時間に合わせて戻ります。

　そして出社すると、また兵隊に逆戻りです。その使い分けにほとほと疲れてしまいました。このままでは頭がおかしくなるとまじめに悩みました。

　こうした事情は、経営コンサルタントという職種の特殊性に伴う、特別なことかもしれません。しかし週末起業経由で独立された方の何人かは、サラリーマンと週末起業家の使い分けによる精神的負担の大きさに耐えられなくなって退職したということを告白しています。

　そしてもう一つ、これがいちばん大きな理由だと思うのですが、週末起業があまりにも面白くて、**会社の仕事がばかばかしくてやっていられなくなった**のです。前述のとおり週末起業を始める人の多くが、「今の会社を辞めるつもりはまったくありません」と断言しながら、うまくいくとすぐ辞めてしまうのは週末起業と会社の仕事を比較すると、面白さが全然違うからなのです。

　週末起業を提唱する私が言うのもおかしいのですが、週末起業に留まっていられるうちは、まだ起業の本当の面白さに気づいていないのかもしれません。本当に起業の面白さを知ってしまったら、週末起業では満足できなくなります。いても立っても居られなくなるはずです。

そういう意味では、「本業と両立できる」と思っている間は、まだ独立のタイミングとはいえず、時期尚早なのです。おとなしく会社にとどまっていたほうがいいのかもしれません。

†辞めるまえに業務委託契約も検討する

なお、独立を考えたら一度「会社との関係を業務委託に変更する」という方法も考えてみてください。

これは会社との雇用契約を一旦解消し、今やっている会社の仕事を請けるという形で再契約をすることです。雇用者と被雇用者という主従関係から、取引先という対等な契約関係に切り替えるのです。

こうすれば独立開業という自由な立場を勝ち取りつつ、現在こなしている仕事を継続することで一定の安定収入を維持することができます。

こうした提案は、現在勤めている会社には前例がないでしょうから、最初は抵抗されるかもしれません。ただ、じっくり話せば、分かってもらえることも多いようです。なぜなら、自社の社員が雇用契約を解消し、業務委託契約に切り替えることは、会社にとって不利なことが何もないからです。むしろメリットばかりといえます。

具体的に業務委託契約に切り替えることで会社が得るメリットは以下の通りです。

・会社の源泉徴収、年末調整にまつわる手間が簡略化できる。
・福利厚生費や接待交際費などを業務委託費に含めることで全額損金にできる。
・従業員との関係を流動化できる。

こうした会社のメリットを会社に提示して交渉してみてください。とくに最近は、会社も固定費的な従業員の給与をカットする方向にあります。

だからこそ業務もアウトソーシングに切り替える傾向にあるのです。従業員が業務委託契約に切り替えて会社を巣立っていくことは、こうした時代の流れに沿っているといえるのです。

実は、週末起業で成功し、独立開業を果たした方の何人かが、実際に勤務先との関係を雇用契約から業務受託契約という形態に切り替え、今でもその仕事を継続しつつ、ご自身のビジネスをしています。

こうして、会社の仕事を受注しながら自分のやりたい仕事を徐々に増やしていき、それに従って会社から受注する仕事を減らしていけばいいのです。

もちろん、こうした提案をすれば会社への忠誠心を疑われるかもしれませんし、他の従業員への影響から、交渉が決裂する可能性もあります。

でも、もしあなたがすでに辞めることを決意していて、かつ独立後当初の収入がやや不安だというのなら、ひと思いに会社を辞めてしまう前に、ダメ元で相談してみてはいかがでしょうか。

第3章
週末起業家の時間革命

†多忙なサラリーマンも時間捻出できる

会社から自立する上で欠かせないこと、それは自分の時間の使い方を会社にゆだねず、自分で決めるということです。人生は時間でできています。時間の裁量権を会社にゆだねることは人生の裁量権を会社にゆだねてしまうことに他なりません。

ところが、残念ながら多くのサラリーマンが自分の時間管理を会社にゆだねています。たとえば、本来自分で決められるはずの起床時刻を、出社時刻と通勤時間を逆算することで決めています。退社時刻は上司の顔色と胸三寸で決めています。小さなことのように思えますが、数十年にわたってこのようなことを積み重ねていくと、すさまじく大きな時間を会社に奪われることになります。

そして奪われる時間の大きさよりも怖いのは、自分で時間を捻出する力、そしてその意欲すらも失ってしまうことです。前著『週末起業』を読んだ方から、「関心はあるが、時間がないので躊躇しています」というご意見をたくさん頂戴しました。また「今でも十分忙しいのに、この上そんな時間があるわけがない！」という批判もいただきました。本当に、皆さんお忙しいのだと思います。

しかし、このようなご意見、ご批判をお寄せの方のなかには、入社したときに何となく決め、いつしか習慣になってしまった生活パターンを聖域か何かのように考えていて、まったく見直そうとせず、ただ「時間がない、時間がない」と言っている方も多いのです。そういう方はすでに時間を作り出す力も意欲も失ってしまったといえるかもしれません。

たしかに忙しいサラリーマン生活を続けながら、新たなビジネスのための時間を捻出することは容易ではありません。しかし、忙しい時間をやりくりして、週末起業で成功している人は実際にたくさんいます。週末起業でなくとも、趣味を楽しんだり、資格を取得したり、英会話を習得したりしている人はさらに大勢います。彼らも同じように忙しいサラリーマン生活のなかで時間を捻出しています。時間は、その気になりさえすれば作り出せるものなのです。

もちろんこれから週末起業を始めようという人が、「週末起業を始めて、途中で時間不足で頓挫したらどうしよう……」と不安になるのはもっともです。またすでに始めている週末起業家にとっても、時間の捻出は大きな関心事です。

さらに週末起業家にとっては、時間不足に加えて「日中は仕事ができない」という時間の制約もあります。これは週末起業家ならではの特殊事情です。こうした特殊事情に答えるのは、やはり週末起業を提唱する私の責任だと思っています。

そこで本章では、週末起業にあてる時間の捻出方法に関するヒントについて、私の体験を中心に解説していくことにします。

時間管理に関して私が強調したいのは、**自分の人生の台本は自分で書く**ということです。そのために必要な最初の第一歩が、自分の大事な時間の管理を他人にゆだねないということです。

†自分の人生の台本は自分で書く

冒頭で述べたとおりサラリーマンは、会社を中心に日常生活を設計しがちです。すなわち、会社から与えられた条件に基づいて生活を設計してしまうのです。それをいつのまにか習慣にしてしまい、「人生なんてこんなモノだ」と諦めてしまっています。そして、会社以外の時間を「余暇」などと呼んで、ハナから余った時間と決めつけています。余った時間ですから、きちんと考えずにムダに消費（浪費）してしまいます。そのくせ、いつも「忙しい、忙しい」とばかり言っているのです。

でも、週末起業家は、余暇を自分の裁量で何とでもなる部分として、きちんと設計、管理しています。

前著でも述べたことですが、かつて世界一働いているといわれた日本人でさえ年間総労働時間はせいぜい二〇〇〇時間に過ぎないのです。一年間が八七六〇時間であることを考えれば、働いている時間など、四分の一以下なのです。食事、睡眠などの時間をきちんと確保しても、さらに二〇〇〇時間くらいはゆうに確保できます。つまり、うまくデザインすれば、今、会社で過ごしているのと同じくらいの時間を他のことのために使えるはずなのです。

定年退職してからも同じです。退職後のことを「余生」と呼び、あとはのんびり趣味でもして生きる、と公言してはばからない人がいます。

でも、考えてみてください。平均寿命が八十歳以上になりました。九十歳、百歳まで生きる人も少なくありません。六十歳で定年退職して、あとは趣味に生きてしまうと、下手をすると人生の三分の一以上を「のんびり趣味でも」して生きることになります。あなたは、本当にそんな人生を望んでいるのでしょうか？

人生とは、すなわち時間です。**時間とは人生そのものです。時間を無駄にする人は、人生を無駄遣いする人**です。同じように、**時間を会社の都合に合わせて決めている人は、自分の人生を会社に決めてもらっている人**です。

一度しかない人生です。自分の人生のシナリオくらい、自分で書きたいじゃないですか。会社という他人が作ったシナリオで端役を演じて人生を終わりたくないじゃないですか。

まず、時間の管理を自分の手に取り戻してください。それが会社から自立する第一歩です。自分が自分の人生の主役になることの始まりなのです。

†満員電車という名の監獄、サラリーマンという名の囚人

実は、時間の捻出方法には、それほど多くの方法があるわけではありません。なぜなら一日は誰にとっても平等に二十四時間であり、一年は三百六十五日しかないからです。「週末起業にあてる時間を確保したい、増やしたい」と考えるなら、今やっていることを止めるか、効率化して時間を捻出するしかないのです。

ところで、私はサラリーマンを始めてすぐに、この時間の捻出について真剣に考えるにいたりました。そのいきさつについて少し話をさせてください。

それはもう十年以上前になります。入社して間もないサラリーマンだった私は、すし詰めの満員電車で通勤していました。当時私は、全国でも屈指の、通勤ラッシュの激しいとあるルートを通って通勤していました。この電車は、今ではだいぶ緩和されましたが、当時はラッシュ時の乗車率が二〇〇%以上といわれていた電車です。

この乗車率二〇〇%というのは、小さい人なら体が浮いてしまうほどの混雑状態です。現に通勤経路では、混雑のあまり呼吸困難や貧血で倒れる人、肋骨を折る人が珍しくありませんでした。そんな殺人的な混雑をする列車に、毎日およそ片道一時間、往復二時間も

揺られて通勤していたのです。

その車内では、新聞や本を読むことはおろか、つり革につかまることすらできませんでした。車内でできることといったら、他の人にもたれて眠るか、もうろうとした頭で、ぼんやりと考え事をするかぐらいです。しかも、当時はまだ地下鉄の車内や駅構内には冷房が完備されていませんでした。だから夏場は地獄でした。

そんな最悪の状況下で、ぎゅうぎゅう押され、電車が揺れるたびに人にもたれかかり、もたれかかられながら、もうろうとした頭で考えたことがあります。それは、

「この状況なら、牢屋にいる囚人のほうが快適だろうなあ」

ということです。私は投獄された経験はありませんので、あくまでも想像ですが、クーラーのない、すし詰めの電車の中で、窮屈なスーツを着て過ごすなら、牢屋の中で過ごす方が、よほど快適だろうと思ったのです。

私の思考は、まだ続きます(なにせ考え事しかできないのですから仕方ありません!)。「毎日片道一時間、往復二時間通勤だから年間五二週とすれば、週休二日で年間五二二時間、これを四十年勤務し続けると二万八八〇時間だな。これは八七〇日に相当するから、これ

を年数に直すと合計約二・四年だな。

つまり、毎日こうして通勤すると、定年退職までにこの状況下に約二年半もおかれることになるのです。「これじゃあ服役期間二年半の囚人よりも悪い状況に置かれているということじゃないか!」と思うようになりました。

そして、「この状況から脱出しなければ、人生の大損失だ」と真剣に考えるようになり、こうしてこの状態からの「大脱走」をあれこれ画策するようになったというわけです。

†グッバイ、満員電車

苦痛から逃れるという理由の他に、私にはこのラッシュから脱出することを真剣に考えねばならない事情もありました。それは資格の取得を考えたことです。

私は、第1章で述べたとおり、サラリーマン時代に「中小企業診断士」という資格に挑戦しました。勉強を始めるにあたって、忙しいサラリーマン生活をしながら、勉強時間の捻出が可能なのかどうか、何人かの先輩や専門家に聞いてみました。すると、どうやらこの資格を取得するには年間一〇〇〇時間の勉強が必要だということが分かりました(今はもう少し難しくて一二〇〇~一五〇〇時間は必要と言われるそうです)。

とくに、私は文学部出身なので、経営や会計の知識に疎いこと、そしてできるだけ早く受かりたい思ったことから、何としても年間一〇〇〇時間の捻出を考えました。

　私の勤めていた会社は週休二日でしたが、一年で一〇〇〇時間を捻出するためには、毎週末土日の両日合わせて一〇時間捻出しても年間約五二〇時間にしかなりません。つまり、あと四八〇時間も足りないのです！

　いくらなんでも、週末がこれ以上つぶれるのはイヤでしたから、必然的に平日に目がいきました。週五日で年間四八〇時間の勉強時間を捻出するには、毎日約二時間程度が必要です。その方法をいろいろ考えたのですが、忙しいサラリーマン生活のなかで使える時間は限られていました。

　そのとき着目したのが、通勤の片道一時間、往復二時間です。必要な二時間がここで捻出できれば儲けモノです。しかし、往復の通勤時間は、すでに説明した通り、すし詰め状態で、勉強どころではありません。そのため満員電車に詰め込まれてムダに浪費している二時間を勉強にあてる方法を何とか画策したのです。

　最初に考えたのは、電車通勤そのものから逃げ出すことです。たとえば会社のそばに住む方法です。現に私の知人で会社のそばにアパートを借りて、勉強をしている人がいました。

　しかし、彼はもともと資産家の息子で、親の物件にタダで住んでいました。当時はまだ都心の地価は高く、家賃相場を考えると、安月給の若いサラリーマンが都心に家を借りることなど、たとえワンルームマンションであっても現実的とはいえませんでした。

また、電車通勤を止めてバイクで通勤するということも考えました。実際そういう同僚もいました。これは、すし詰め状態からの解放になります。また移動時間の短縮になります。だから短縮された時間を勉強にあてることができます。しかし移動時間中に勉強ができませんのでムダがあります。また雨の日は乗れませんし、帰りに酒も飲めません。私は当時、接待の多い営業の仕事をしていましたので、結局バイク通勤は諦めざるを得ませんでした。

†通勤電車書斎化計画

そこで電車通勤という通勤方法は変えず、ラッシュから逃れる方法を考えました。そして通勤電車を書斎にすることを検討しました。

そのためには乗車時間を変える必要があります。いわゆる時差出勤です。最初は混雑を回避するために少しずつ乗車する時間を早めていきました。

ところが、車内で本を読んだり書き物をするためには、始発から数本以内の電車に乗らなければならないことがわかりました。ちょっとやそっとの時差出勤はみんなやっている

改善前

7：00	起床・朝食・着替え
8：00	自宅を出発
9：00	出社・始業 会社
22：00	終業・退社
23：00	帰宅・団らん、入浴
25：00	消灯

改善後

4：00	起床、マラソン、入浴
5：00	自宅を出発 電車内および会社で勉強
9：00	始業 会社
22：00	終業・退社
23：00	帰宅・消灯

図表9 時間のリストラクチャリング

のでしょう。

　また、当時はまだバブルの余韻もあり、朝早くからモーレツに働いている人がたくさんいたのかもしれません。いずれにしても一時間ほど乗車時間を繰り上げたくらいではたいした改善策にはならないことが判明しました。そこで思い切って始発に乗って出社することにしました。これなら何とか座って通勤することができます。こうして電車のなかを書斎にすることで、毎日二時間の勉強時間を確保することができました。

　さらに、始発に乗れば早く会社に着きます。そのため会社で勉強する時間も生まれます。結局、私のスケジュールは図表9のように改善されました。

こうして毎日四時間の学習時間を捻出することに成功しました。この四時起きの習慣は、その後、週末起業を始めてからも、独立開業した今も、引き継がれています。

†「レールワーカー」の仕事術

なお、このスケジュールの改善には思わぬ副次効果がありました。早朝会社にいることで、周りが勝手に「おっ、あいつ最近がんばっているな」と思ってくれるのです。いくら残業しても肝心の上司が、接待や直帰などで早く退社してしまうので、仕事ぶりへの評価には影響を及ぼしません。

ところが、これも早く出社するようになって知ったのですが、会社のエライ人たちは役員会などで早く出社することが多いのです。早朝出社は彼らの評価を高める効果がありました。

このように、会社で周りの評価を高めておくことは、資格試験の勉強や週末起業をする人にはとても重要なことです。なぜなら、会社外の活動を職場の仲間に認めさせるには、何もやっていない人の何倍もがんばらないといけないからです。そうしないと、半ばやっかみもあって、すぐに「資格試験で仕事に身が入っていないんじゃないか」とか「週末起業のしすぎじゃないのか」などと嫌みを言われてしまいます。

実は、この通勤時間、そして早朝を利用する方法は、私だけでなく多くの週末起業家が採用している方法です。

たとえば、週末起業家として何度かテレビにもご出演されているMさんは、超多忙な会社に勤めながら、週末起業で経営コンサルティングを行い、毎日一冊の本を読み、その書評を毎日メールマガジンで配信し、ラジオのパーソナリティを務め、と八面六臂に活躍するつわものです。一体、どのようにしてこの時間を捻出しているのかと思えば、その秘密はやはり早起きと通勤時間の活用でした。彼は千葉の自宅から、なんと片道二時間、往復四時間かけて通勤しています。その過程で本を読み、会社に着いてからの数時間、事務所でメールマガジンを書くそうです。

また、自作CDなどを販売するYさんも、通勤電車を書斎化しています。彼もやはり通勤時間中にメールの回答などを済ませているそうです。彼はこのワークスタイルを、ムーンワーカー（副業の英訳。月の下で働くという意）ならぬ「レールワーカー」と名付けています。

†時間捻出のステップ① 必要時間の把握

さて、ここであなたが時間捻出をする際のステップを紹介しましょう。

週末起業の時間捻出を考えるにあたって、最初にやるべきことは「必要な時間を把握すること」です。「そもそも自分がやりたいことをやるためには、一体どれくらいの時間が必要なのか」を把握します。多くの人がやるように、まず「今の生活で何時間、週末起業のためにさけるのか」を考えてはいけません。

私のケースでは、上述の通り、資格取得に年間一〇〇〇時間が必要だということを聞かされていました。あとはそれをどう捻出するかを必死に考えるだけでした。

ところが週末起業の場合、資格の勉強時間と違って「これだけあれば大丈夫」ということは誰も教えてくれません。だから必要な時間は自分で考える必要があります。

世の中には「忙しい、忙しい」を連発する人はたくさんいます。でも、そういう人に「じゃあ一体、あと何時間あれば忙しくないの?」と訊いてみてください。ほとんどの人が回答に窮するか「時間はいくらでもほしい」と漠然とした回答をするはずです。

「実際に始めてみなければ分からない」という人もいるでしょう。もちろんその通りだと思います。そういう人は「自分が週末起業にどれくらいの時間をあてたい」と思っているのかをまず決めてみてください。大事なことは**「余った時間にやる」のではなく、まず「何時間使いたいか」を知り、足りなければそれを捻出することを考えること**なのです。

†時間捻出のステップ② 時間の棚卸し

必要な時間が分かったら、次に自分の生活の現状を把握します。

そのためにまず、今のあなたが、一体どのように毎日を過ごしているか、平均的な時間の経過を書き出してみてください。そのとき、ウィークデーと週末に分けて書き出します。

毎日毎日、場当たり的に生活しているように思っている人でも、知らずに一定のリズムで生活していることに気づくはずです。

紙に書いたら、今やっていることそれぞれの事柄を次の三つに分別してみてください。

「やめられる、または短縮できるモノ」

「時間を動かせるモノ」

「やめることも、短縮することも、動かすこともできないモノ」

普通は、「やめられる、または短縮できるモノ」として次のようなものがあげられます。

・テレビを見る時間
・つき合い残業
・同僚との一杯
・ぼんやりしている時間

やめてしまえそうなものも、完全にやめてしまわずとも時間を短縮できる場合があるかもしれません。他にも時間を短縮することができるものもあるのではないでしょうか？

・通勤の時間
・食事の時間
・入浴の時間
・家族との団らんの時間
・睡眠時間

なかには「どうしても変えられないモノ」もあります。代表は次のようなモノでしょう。

・始業、終業時間（九時から五時など）
・通勤電車の始発と終電
・会社のビルの開錠時間
・朝食をとる店の開店時間

「変えられないモノ」についてあれこれ思い悩むのは時間の無駄です。いくら考えても出てくるのは愚痴だけです。反対にいえば、それ以外のことは、自力で「変えられるモノ」です。

こう考えると「変えられないモノ」と思われていたものも、それが単なる先入観だったということに気づく場合があります。

たとえば、睡眠時間、就寝・起床時間、出社・帰社時間、週末の時間などは、これまでの慣習や先入観で「たまたまそうしている」だけかもしれません。

†時間捻出のステップ③　時間のリストラと配分

次に、ここであげた「変えられるモノ」をどのように変えれば、必要時間が確保できるのかを考えます。

私の例では起床時間の繰り上げがポイントでした。こうして捻出された時間に、自分が今やりたいと考えていることをあてはめたのです。

あてはめる際、私の例にある電車の書斎化のように、同時進行できるモノはないかも考えます。たとえば「車通勤の人が、車の運転中にテープを聴いて英会話を習得する」ということも考えられます。私の場合も、実は朝食を家でとりませんでした。出社してから会社で朝食を取りながら、仕事や勉強をしていたのです。

また、時間の質についても考えます。たとえば移動時間といっても、電車の中で何でもできるわけではありません。たとえば、移動時間中に書籍の原稿を書くようなことは私にはできません。こういう時間は、メールの対応や、せいぜい原稿のあらすじ作りにあてています。

†優先順位をはっきりさせる

物事を、緊急度と重要度の二つの側面から四つのタイプに分けるという話は聞いたことがあるでしょう。

(a) 緊急だが、大事でないモノ
(b) 緊急で、しかも大事なモノ
(c) 急がないが、大事なモノ
(d) 急がず、しかも大事でないモノ

週末起業の業務も、上記の基準に従って分類してみます。

そして、(a)については朝の移動中に、(b)は会社に着いてから、(c)は週末に、(d)はやらないという割り振りを考えてみると効果的です。

さらに、時間を増やす方法があります。それは週末の活用です。この週末にメスを入れると、あなたが自由に過ごせる時間数を飛躍的に伸ばすことができます。

一般に、週末というと土曜日と日曜日の二日間、合計四十八時間だけを連想しています。でも、それは単なる先入観かもしれません。たとえば、金曜日の夕方五時から月曜日の朝九時までを週末と考えてみてください。そうすれば、実質的な時間数に換算したら、週末がもう一日増えるくらいの時間を捻出することができます。

ところが、サラリーマンの多くが金曜日の夜になると会社の同僚と飲み、カラオケに行くことを習慣にしています。こうなると金曜日の夜は（下手をすると土曜日の昼くらいまで）ムダにしてしまいます。土曜日に昼まで寝たあとは子供と奥さんにせがまれて近場のショッピングセンターに出かけ、食事をして帰れば土曜日はもうおしまいです。

このように週末を金曜日の夜からスタートすると考えて、自分の将来の夢のために使う人と、そうでない人とでは、時間の充足度は大きく違います。これが数十年という長いサラリーマン生活のなかで、どれだけ大きな差を生むかと考えると、恐ろしくなります。

私もそうなのですが、人間丸一日あれば何でもできそうな気になることがあります。だから、仕事でも何でも「まあ、今度の週末にまとめてやればいいかな」などと思いがちです。でも、よく考えてみると、実際には休日が一日くらいあってもたいしたことはできません。一日なんて短いものなのです。たとえば日曜日、九時に起きてのんびり食事をしていたら、『サザエさん』が始まるまでにせいぜい八時間ほどしかないのです。

八時間でたいしたことができるなら、平日に残業する人はいないはずです。三連休あったって、結局「明日やろう」「まだ一日あるさ」となるので同じことです。

反対に八時間くらいの時間なら、平日でも捻出できます。「忙しい、忙しい」とぼやく人でも、二十三時に帰宅すれば、午前一時に寝ると仮定しても、寝るまでに二時間もあります。その時間、同じニュースを繰り返し見るのはやめて、他のことにあてることはできないでしょうか？

仮に、その二時間を月曜から金曜まで集めれば、十時間になります。これなら一日ぐらい居酒屋に飲みに行ったってまだ八時間あります。だったら「これは！」ということは週末まで伸ばさず今日からやればいいのです。

†時間を味方につける

長期の休暇も同じです。「今度のお正月休みにやろう」と思っていたことは、結局は着手されません。なぜなら、その時々の言い訳がすでに用意されているからです。

たとえば「今度のお正月休みにでもやればいいや」と先延ばしにしていたものは、「大晦日ぐらいのんびりしよう、年が明けたらやろう」となり、「元旦くらいゆっくりしてもいいか」になり、「親戚が来たからいいか。親戚づきあいも大事だし」となり、結局お正月休みが明ける前日まで何も行動できないのです。

そして結局その予定はゴールデンウィークまで繰り越されるのです。そしてゴールデンウィークになれば、それは夏休みまで繰り越され、年末まで持ち越されといった具合に、いつまでも手が着かないままになります。

と、偉そうにいっていますが、私も「一週間あればかなり本を読めるぞ」と司馬遼太郎の全集を買い込んだりしながら、結局ほとんど読みません。こういう人が多いから、まったく読まれていない本が古本屋に並ぶのでしょう。

私は、週末起業に限らず、**成功する人は、お金と時間を味方にできる人**だと思います。お金がないなら、時間を味方にするしかありません。時は金なりだからです。お金は人によって差がでますが、時間は二十四時間と誰にでも平等です。**時間をマネジメントしなければ、週末起業なんてできっこありません。**また**自分の時間のマネジメントもできない人が、ビジネスをマネジメントできるとも思えません。**

成功したいなら「いつか始めるぞ」でなく、今すぐ始めるのです。そのために、まず目の前にある貴重な資産である時間に手綱をくりつけ、しっかりとマネジメントしたいものです。

†私はこうして早起きになった

私はサラリーマンの時間捻出には朝の活用をおススメしますが、朝を活用することに伴う課題は早起きをすることです。ところが、これは簡単ではありません。私自身、これまで何度も「また起きられなかった！」という、本来は味わわなくてもいい挫折感を抱えて一日をスタートしてきました。

今でこそ早起きを自認しています。しかも前著では「早起きできないのは、早起きをするほどやりがいのあることに出会っていないのだ。むしろそれを嘆くべきだ！」などと偉そうなことを述べました。でも白状しますが、私も最初は苦痛でしたし、挫折の連続でした。

とくに、私はすさまじい低血圧なのです。体質的にも目覚めが悪く、早起きが苦手なのです。だから、どうしたら早起きできるのか悩み、さまざまな方法を研究しました。

書店にも早起きの効用を説いた本はたくさん並んでいます。ところが、「どうすれば早く起きられるのか」を説いた本は、あまりありません。

実は、われわれが一番知りたいのはその点についてです。しかしほとんどの本がその方法には触れず、「早起きはいいことばかりだ。あとはがんばって起きろ」と精神論に訴えるばかりです。

「どうすれば早く起きられるのか」という質問に対する、早起き本の著者の答えは、おそらく「こんなにいいことばかりなのだから、根性で起きられるはずだろう」ということなのでしょう。早起きすれば仕事ができる、勉強ができる、人脈が広がると魅力だらけなのだから起きられないほうがおかしいということなのでしょう。

しかし、私のような意志の弱い人間は、そんな高邁な理由だけでは、とても起床に伴う苦痛に打ち勝てませんでした。マズローの欲求五段階説をご存じでしょうか（図表10）。

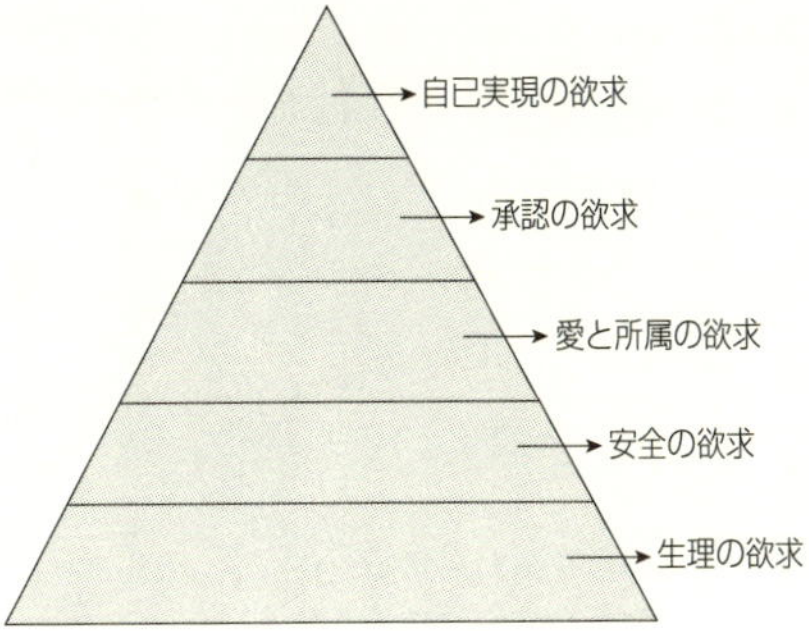

図表10 マズローの欲求五段階説

これは人間の欲求には段階があり、食欲、睡眠欲、性欲など、本能に根ざした原初的な欲求が満たされなければ、自己実現の欲求など、高次な欲求を満たそうという気にならないという説です。人間は「生理的欲求」が満たされなければ「自己実現の欲求」を満たす気になれないのです。

「仕事や勉強がしたい、人脈を広げたい」などは「自己実現の欲求」であり、人間の欲求のなかでも最も高度な欲求とされています。一方、睡眠欲というのは典型的な、本能に根ざした「生理的欲求」です。だから、高い志だけでは早起きできないのは、無理もないことなのです。

生理的な欲求に打ち勝って早く起きるには、ちょっとした工夫が必要です。

†早起きの敵は二度寝

私が最初に試みたのが「目覚まし時計をベッドから離れた場所に置く」という方法です。これは、アラームを自覚のないままに消してしまわないように、多くの方が実践している方法です。

しかし、私の場合、これは見事に失敗しました。実は、早起きのポイントは「いかに早く起きるか」ではありません。

「起きた後、いかに二度寝をしないか」です。強力な目覚し時計さえあれば、起きることは容易です。目覚まし時計をベッドから離れた場所に置けばたしかに、一旦はきちんと目が覚め、ベッドから出て目覚ましを止めます。

しかし、目覚めた後に「ああ、昨日はちょっと飲み過ぎたから」とか「無理して、睡眠不足で体でもこわしたら大変だ」「会社で居眠りして干されたら本末転倒だな」「寝不足で効率が落ちたら元も子もないな」などと、あれこれ自分にもっともらしい言い訳を瞬間的に思いつき、再びベッドに戻り、眠ってしまうのです。

そのときは、寝ぼけていたり、すっかり起きたつもりでいるので、アラームを再設定しなかったり、または甘い再設定にしてしまいがちです。だから、目覚めたときに大いに後悔することになります。

このような体たらくで「目覚まし時計をベッドから離れた場所に置く」という方法は、私には機能しませんでした。だから一度起きたら、瞬間的にスッキリと目覚める方法を考える必要がありました。

†いくつかの早起きの奇策

そこで、次に試みたのが、「目覚まし時計のそばに水を張った洗面器とタオルを置く」という方法です。そして時計を止めた後、その場ですぐに顔を洗うようにしました。顔を洗えばそこでスッキリ目が覚めます。とても「もう一度寝よう」という気持ちにはなれません。これは効果がありました。

ただ、寝ぼけて洗面器をひっくり返し、部屋を水浸しにするという事故が頻発しました。風呂場に置いてみたりしましたが、冬場はあまりにも寒くて、本当に身体に悪そうなので結局やめてしまいました。

また、目覚まし時計に「早起きをして、起業家になるのだ」などと書いた紙を貼り付けたり、億万長者の大豪邸やベンツの写真を貼り付けたりして、気分を鼓舞してみました。

しかしこれも睡魔の前には歯が立たず、あっけなく二度寝の罠にはまりました。

他にも効果がある方法として、寝る前に水をがぶ飲みするという方法があります。こうすると明け方トイレに行きたくなります。そのため目が覚めます。

ただこの方法は、起床時間のコントロールが難しいのが玉にキズです。そのときのコンディションや、体内の水分量によって眠りが浅くなったり、必要以上に早く目が覚めてしまったりします。そしてトイレに行き、安心したところで再び眠ってしまい、寝坊するという事故が起きます。

あるとき「起きたら外気を吸い、太陽の光を浴びれば目が覚める」とよいということを知りました。そこで、これを強制的に行う仕組みを編み出しました。

まず、非常ベルのように音の大きな目覚し時計を二つ用意します。そして、二つの時計のうち、一つを起きたい時間にアラームをセットして枕元に、もう一つは五分遅れにセットして庭やベランダに置きます。

こうすると最初、枕元のアラームで目が覚めます。次に必ず家の外にスイッチを切りに行くことになります。なぜなら、うっかり寝坊して、庭の時計のスイッチを切り損ねようものなら、ご近所中に轟音が鳴り響くからです。これは、いくら寝ぼけていても何とか避けようと思うため、とにかく一旦は外に出ることになります。一旦外に出れば、外気に触れ、スッキリ目覚めます。これは効果絶大でした。

†早起きのモチベーションは何か

よく雑誌などで資格を取得した人や独立開業した人に体験談をインタビューする企画があります。私もたまに取材を受けます。こうした企画で時間捻出の秘訣を問われると、私は「朝を使いました」などと答えています。

たいてい記事の最後は「あなたも資格取得（独立開業）のために早起きをしよう」と締めくくります。しかし、それができれば苦労はしません。私だって資格取得や独立開業の欲求がモチベーションになって早起きできたわけではありません。

私の場合、早起きのモチベーションを支えたのは、満員電車からの回避でした。前述した通り、私は資格取得に挑戦していた当時、すさまじい満員電車で通勤していました。早起きをして時差出勤すれば、この満員電車に揺られる苦痛から逃れることができます。何を隠そう、これが私に早起きをさせる最大のモチベーションでした。空いた電車と、始業までの時間は時差出勤をした副産物でした。それを勉強時間にあてたわけです。

早起きを習慣づけるのはいいのですが、お題目だけではなかなか実現できません。それを実現するための具体的な方策まで考えておかないと、いつまでもかけ声だけで終わることになります。

資格の取得や週末起業の成功などをモチベーションにして起きることができる意志の強い人はいいのですが、私のように意志の弱い人間はそれだけではとても早起きは続きません。それを維持する仕掛けが必要になります。

早起きに限らず永きにわたって自分を行動させ続けるには、自分の根性や気合いに頼るだけではだめです（少なくとも意志の弱い私には無理でした）。「所詮人間は意志が弱い」と考え、それでも前に進まざるを得ない仕掛けを用意しておくしたたかさが必要です。早起きできたら自分へのごほうびとして、たとえば「満員電車の苦痛からの回避」など、人間の本能に根ざした原初的なものを用意しておくと効果的です。

とまあ、早起きについていろいろ述べましたが、いちばん効果的だったのは次の一言かもしれません。それは「**何時に起きても起きるときはつらい**」という言葉です。その言葉に目からウロコが落ち、それからはたいした奇策を弄さなくとも、あっさり起きることができるようになりました。やはり、心構え、ということなのかもしれません。

†退社時刻を早くする方法

早起きと同じように、「やるぞ！」と決めても、なかなかその通りにできないのが退社の時刻ではないでしょうか。

そもそも早く起きるためには、早く帰る必要があります。早く起きるには、早く寝る必要があるからです。実は、これも簡単ではありません。六時間睡眠をとって五時に起きようと思えば、二十三時に寝なくてはなりません。しかしやるべきことをすべて終えて二十三時に眠りにつくことは容易ではありません。

早く起きる人は、間違いなく早く寝る人であり、退社するのも早い人です。お酒の席でも、ある時間になると、どんなに盛り上がっていても、どんなに酔っぱらっていても、ぱっと切り上げます。

「そうはいっても、そんな簡単にパッと切り上げられない」という人も多いと思いますが、一体、何があなたを会社に引き留めるのでしょう。もちろん緊急の仕事という場合もあるでしょう。ただ、実際はそういうことはむしろレアケースで、普段はただのつき合い残業や、上司や同僚の誘い、意味のない上司への気遣いではないでしょうか。職場で帰宅の時間が暗黙の了解になっていることもあります。

これに対処する方法があります。それは**毎日の退社する際に乗る電車をあらかじめ決めておくこと**です。あなたは朝「何時の電車に乗って出社するか」を決めていると思います。しかし「何時の電車に乗って帰るか」までは決めていないのではないでしょうか。

考えてみれば、週末起業とて仕事です。だから始業時間が決まっているのは当たり前です。たまたま早く帰った日だけやるなら、お客さんや周囲から「しょせん道楽」といわれても仕方がありません。

本業で定時に出社するように、週末起業の仕事も毎日決められた時間にスタートするべきです。そのためには会社を決まった時間に去り、決まった電車に乗ることはお客さんに対する義務です。

なお、私の場合、週末起業を始めてからは、毎日十八時三十分の退社を目指していました。しかし酒の好きな上司に毎日「帰りの一杯」に誘われました。さすがに「週末起業がありますので」とも言えず困りました。

そのときは、学校に通っていることにして早く帰りました。また妻や秘書代行の人に携帯を鳴らしてもらい、いそいそと帰ったりしました。「女房の尻に敷かれた、かっこ悪い奴」と陰口を叩く人もいましたが、そうして何とか週末起業の時間を確保してきたわけです。

他に「英語学校に通う」「資格の学校に通う」などという口実をつくれば、週のうち何日かは必ず早く帰れます。

また自分とアポイントを取るという方法も有効です。たとえば夜の九時に自宅で自分とアポを取るのです。そしてそれを手帳に書いておきます。そうすると上司の誘いをかわせます。なぜなら上司に誘われて「ちょっと用事が……」などと断っても、「ウソつけ！」と言われます。そんなとき「本当ですよぉ、ホラ」と言って手帳を見せるのです。するとしっかり予定が書いてありますから、信憑性が高まります。

と、いろいろとヒントを紹介しましたが、これも早起きと同様、本人の意志次第です。残業も、上司の誘いも結局、自分の意志の弱さが原因ということが多いのです。

残業に関していえば、**残業を前提にして日中、のんびり仕事をしていないでしょうか？** 上司の誘いが断れないのは、実は心のどこかに「飲みに行きたいなあ」という気持ちがあるからではないでしょうか？ **早く帰宅できるか否かは、要するに本人の心がけ次第、**ということなのです。

†アフター5に週末起業

なお、退社したらまっすぐ家に帰るのでなく、**週末起業をひと仕事してから帰宅する**という方法もあります。なにせサラリーマンがエネルギーを消耗するのは、往復の通勤です。帰路の電車で疲れ果ててしまう前に、週末起業のひと仕事をしてから帰るのです。

それに帰宅途中で、仕事モードから、家庭モードに切り替わってしまう人も多いでしょう。一旦家庭モードに切り替わった気持ちを、再び週末起業モードに切り替えるのは、容易ではありません。

そのために便利なのが**帰宅途中に執務スペースを持つ**ことです。私は、最初レンタルオフィスを使っていました。ウィークリーマンションのツカサが展開する「ワン・オフィス」を使えば、月一万八〇〇〇円程度で二畳ほどのスペースが都心の一等地に持てます。

また、デジタルコンビニなどではちょっとした執務スペースを時間貸ししてくれます。

さらにおすすめがマンガ喫茶です。インターネット使い放題、飲み物が飲み放題で、きわめて静かで快適な空間（喫茶店と違って、みんなマンガを読んでいるから静か）で仕事ができます。週末起業家にはマンガ喫茶の愛用者が多いのです。

喫茶店のなかにも、無線LAN対応PCやPDA、プリンターが利用できる店が増えています。

これらの設備は、帰宅途中に限らず早朝や週末、日中の空いた時間、移動時間中に利用することもできます。ただしお金もかかりますので、週末起業が軌道に乗ってきてから考えればいいでしょう。

なお、外部に執務スペースを持つ際の最大のポイントは、軽量化です。私が週末起業していたころは、PCの軽量化がすすんでいませんでした。しかも私は営業職でしたから、朝から晩まで営業に出歩いていました。そのため常時重たいパソコンを担いで歩き回ることになりました。体重は減りましたが、慢性の肩こりに悩まされ、何度も肩の筋肉を痛めてしまいました。

今は軽いPCもでています。軽量型のノートPCを購入し、コマ切れの空き時間を有効に活かすことは、時間を買うことになりますから、とても効果的な投資だと思います。モバイル対応にすれば、移動書斎の完成です。

悩みの種はバッテリです。なぜなら、喫茶店では電源が取れないからです（無許可でやると立派な横領です）。ですからノート型のPCを買ったら最大容量のバッテリを入手することをおすすめします。

重い荷物を持ち運ぶのがイヤなら、駅のコインロッカーに置いておく方法もあります。実は駅のコインロッカーの多くは、数千円で月極の貸出をしてくれます。平日は、ノート型PCを自分の拠点のそばのロッカーに置いておくのです。

以上、私の体験も交えながら、時間の捻出方法について少し具体的な話をしました。繰り返しますが、冒頭でも申し上げた通り、いちばん大事なことは「**自分の人生の台本は自分で書く**」ことです。そのために必要な最初の第一歩が、自分の大事な時間の管理を、会社や他人に委ねずに自分で行うということです。

第4章 ネットワークを手に入れる

資産家サラリーマン

†人づき合いが変われば考え方も変わる

会社から気持ちの面で自立するために必要なことは、会社に依存する気持ちを断ち切ることです。そのためにおすすめの方法があります。会社の外に交友関係を求めるということです。

理由は、どういう人とつき合うかによって、考え方が変わるからです。同じ理由で「週末起業を始めるぞ」と誓いながら、なかなか始められない人も、意図的にまずつき合う人を変えてみる、または増やしてみることをお勧めします。

私は、個別面談などを通じて「週末起業をやりたい」という方にたくさんお会いしますが、その体験のなかで「起業できない人」と「起業できる人」の間に違いがあることを感じています。

いちばん大きな違いはやはり「考え方」です。週末起業になかなか踏み切れない人の多くは、第2章でも述べた「サラリーマン的発想」で頭が凝り固まっているのです。たとえば、

・行動できない理由を探すのがうまい。
・悲観論者である。

・リスクを極度に嫌い、投資をしない。
・人のせいにする。

などの点が挙げられます。だから決断を先延ばしにし、アイデアを行動に移すことを躊躇するのです。

一方、週末起業をして成功する人は、サラリーマンでありながら、「サラリーマン的発想」とは対局にある**「起業家的発想」ができる人**です。彼らの考え方の特徴は次のようなものです。

・とにかくやってみる。
・未来志向、ポジティブ思考である。
・投資をする。
・すべて原因は自分にあると考える。

だから即断即決し、即行動します。フットワークが軽く、何でもやってみます。そのため紆余曲折は経るものの、結果的に成功できるのです。

同じ志を持つ仲間を作ろう

では発想をサラリーマン的なものから起業家的なものに切り替えるには、どうしたらいいでしょうか。一番いいのはつき合う人を変えてみることです。私自身、自分の考え方を大きく変えてくれたのが、資格の勉強がきっかけでつき合う人が変わったことです。皆さんにも覚えがありませんか？　人づき合いが変わったことで、考え方が変わっていくことを。たとえば、あなたにもこんな経験があるでしょう。

・親しかった友人が、離ればなれになったとたんにウマが合わなくなってしまった。
・就職したら、学生時代の親友と話がかみ合わなくなった。
・転勤で上京した同僚と意見が合わなくなった。

人の考え方を大きく変えるのが環境です。環境を形作るのが人間関係です。だから、自分の考え方を変えるために、まず自分で意図的に、つき合う人間を変えてしまうことをおすすめするのです。

とくに、今、会社の同僚との交流しかない人は、それ以外の人とつき合うことを考えてみてはいかがでしょう。

本章では、会社から自立する上で必要な人脈に関する私の考え方、そしてその作り方をご説明します。もちろん人脈は、週末起業を始めてからも会社から独立した後にも大事なものですから、すでに週末起業、または起業した方にとっても参考にしていただけると思います。

†サラリーマン的な発想が元凶

先日、サラリーマン時代の友人たちと会う機会がありました。そのときに私は、誰とつき合うかが自分の考え方を変える上でどれだけ大切かを痛感しました。

彼らに会うと憂鬱になることがひとつあります。それは、気がついてみると会話の大半が、会社の人事情報の解説になることです。

「誰がどこに転勤をした」

「誰が役員になった」

「今回の人事異動はいつだ」

など、社内の人事の様子をすでに退職して何年も経つ私に懇切丁寧に解説してくれるのです。彼らは、私のために親切心で解説してくれています。でも、ハッキリ言ってこれは迷惑です。理由は、もはや私にとっては、まったく興味がないネタだからです（というより、人の名前も、部署や役職の名前も、ほとんど忘れてしまいました）。

たしかに、私もサラリーマン時代、退職を決意するまでは、社内の人事情報に大きな関心がありました。でも、辞めると決めた瞬間に興味が失せるもの、それがこの人事情報です。一歩会社の外に出れば、**犬も食わない、一銭にもならない情報**です。そんな価値のない話題に、大事な人生のほんの一部でも費すのはイヤです。

思えば、自分がサラリーマン時代に、同僚とランチタイムや居酒屋で交わしていた会話は、ほとんどがこの手の人事ネタ、あとは人の噂話と愚痴でした。たとえば、先輩社員の若かりし日の武勇伝、上司の家族の近況、誰と誰がくっついたとか別れたとか、ワイドショーのネタを社内の人間に置き換えたものばかりです。

たまに仕事の話が出ても、それは会社の経営方針や経営戦略、経営陣の批判など、あまり自分の日常の仕事には役立たない話ばかりでした。普段は、営業成績に追われてヒーヒー言っているのに、なぜかランチタイムや居酒屋では、**みんな経営者や企業参謀になってしまう**のです。

反対に、タブーは起業ネタの話や、お金の話です。少しでも、ランチタイムに面白いビジネスのアイデアや儲け話などを披露しようものなら、「あいつは仕事に身が入っていない」と忠誠心を疑われます。または周囲から「金儲けの話ばかりして、がめついヤツ」と煙たがられます。もしくは上司や先輩から「そんな夢物語よりも仕事をしろ」とたしなめられるでしょう。

こういう人たちとばかりつき合っていると、発想が内向きになり、極端にリスクを嫌うようになります。これこそがサラリーマン的発想の元凶であり、週末起業を踏みとどまらせる最大の要因です。おそらく私も、彼らとだけつき合っていたら、独立どころか週末起業をすることすら思いもよらなかったでしょう。

†社外人脈が週末起業のきっかけ

では、サラリーマンである私が週末起業を始め、後に独立開業できたのはなぜでしょう。それは、第1章で話した通り、資格取得がきっかけで、社外の人たちと交流するようになったことです。また週末起業を始めてからは、社外の経営者や起業家との交流を通じて、次第に起業家的発想をするようになったからです。

経営者や起業家はほとんど愚痴を言いません。これは本当です。理由は簡単、自分の好きなことしかしてないからです。愚痴を言うことは、「天に向かってツバすること」です。私はサラリーマン時代、この世に愚痴を言わない人がいるということが信じられませんでした。私自身も、愚痴っぽい人間でした。しかし、今では、この世に愚痴を言う人がいることの方が信じられなくなっています。

そして、経営者や起業家たちのする仕事の話はとても役に立ちます。彼らも、サラリーマン時代の私や同僚と同じように、戦略や構想を好んで語ります。でも、経営者や起業家たちがビジョンや戦略を語ることは夢物語でもなんでもありません。日常の仕事そのものです。

また、**起業家はお金儲けの話が大好き**です。彼らは自分のビジネスに最大の関心があります。ビジネスの成否を評価する尺度はお金ですからお金に興味があるのは当然です。

この点は週末起業家にも当てはまります。週末起業で成功していた人たちの集まり「週末起業鉄人会」というのがあります。たまに交流会をやりますが、ここではテーブルのあちこちで、いくつもの商談がぽんぽん決まっていきます。

たとえば、あるとき「ここにいるメンバーの体験談を本にしよう！」という話がでました。私は酒席の話かと思っていました。すると三カ月後の会合のときには、すでに本が出版されていました。このスピードにはビックリしました。

彼らは、チャンスがすぐに逃げてしまうことを知っています。だから、たいしてリスクのないことに熟考などしません。「ちょっと持ち帰って検討して、またご連絡します」なんて誰も言いません。経営者ですから即決できるのです。こういう飲み会こそ、元手の回収できる、本当に価値ある交流会といえます。

いつまでたっても週末起業を始められないと悩む人は、経営者や起業家、週末起業家たちとの交流を求めて、まず会社の外に出てみることをおすすめします。そうすることで、あなたの考え方に変化が起き、週末起業の立ち上げが加速するはずです。

†「あたって砕けろ！」で人脈を築きました

以上、週末起業をする上で、社外の人に交流を求めることの大切さをご紹介しました。もちろん週末起業をしてからも人脈は大切です。人脈が自分のビジネスを発展させてくれるからです。

私自身、人脈を作ることでビジネスを拡大してきました。ここで私のやり方を披露しましょう。私の人脈作りの特徴は「これだ！」という人間には、相手がどんな大物でも、まず**「あたって砕けろ」「ダメ元」の精神で、躊躇せずにアプローチすること**です。もちろんほとんど無視されますが、たまにこちらの熱意に応えてくれる方もいます。

一例として、ベストセラー『金持ち父さん　貧乏父さん』（筑摩書房）の著者、ロバート・キヨサキ氏の例があります。彼は二〇〇三年秋、日本でセミナーをするために来日しました。そのセミナーには数千人の聴講者が集まりました。そのセミナーに来た人はご存じだと思いますが、私は、セミナーの壇上で週末起業の話をする機会をキヨサキ氏本人からもらいました。

これに対して、いろいろな人から「一体どうやって人脈を作ったの?」と聞かれました。

答えは一通のお手紙です。

このセミナーの一年前に「あたって砕けろ」の精神で、彼に手紙でアプローチしたのです。

かつて私は自分のビジネス書の要約と書評のメールマガジンを一冊のムックにして発売しています。そのムックに「ビジネス書の大物著者のインタビュー記事を載せたい」と考えました。そこでどうしても巻頭を飾りたかったのが、当時ベストセラーだった『金持ち父さん 貧乏父さん』の著者ロバート・キヨサキ氏だったのです。当時は、もちろん面識などありません。そこで思い切って手紙を書きました。すると、この申し出になんとキヨサキ氏は快く応じてくれたのです。

この一件で私は「ダメもと」でアプローチすることの意義を再認識しました。

それから数カ月後、偶然にも私自身の著書『週末起業』が、同じ筑摩書房から出版されました。そのとき筑摩書房の担当編集者と相談して再度キヨサキ氏に「以前はインタビューありがとうございました。今度本を出しますので、オビに名前を入れさせてください」とお願いをしました。こちらも同じ出版社つながりということで快諾していただきました。

前著をご覧いただければ、「ロバート・キヨサキ氏も奨励」と書いてあることがお分かりいただけると思います。

その後、キヨサキ氏が来日することになり、筑摩書房から「一席設けるから、オビのお礼を言ったら？」と誘われました。私は二つ返事で出かけ、その席上でキヨサキ氏に日本におけるスモールビジネスの実情と、起業家支援の重要性、そして週末起業の魅力を語ったのです。私の得意分野です。

すると「今の話、面白いから明日セミナーで話してみたら」となり、それで講演会場でお話しすることになったというわけです。

キヨサキ氏とのいきさつはこんな感じです。この話を聞いて「藤井だからできたんだよ」と言う人もいるでしょう。でもそういう人は、すでにサラリーマン的発想にとらわれています。たしかにいくつかのラッキーもありました。

でも、いきさつをご説明した通り、私は最初、何のコネもないところから「あたって砕けろ」精神で、やり取りを繰り返し、人脈を築いていったのです。

ただ、これはあくまでも私の数少ない成功例のひとつです。やはり大半のビッグネームは相手にしてくれません。躊躇せずアプローチすることは大事ですが、そういう交流だけを求めていると、いつまで経っても人脈ができません。

だから、確実につき合ってくれる身の丈にあった人との交流も同時に求めることです。

まず自分と同じようなステージにある人、たとえばこれから週末起業したいと考えている人、また週末起業したばかりの人などから、はじめてみることをおすすめします。

†人脈は一緒に仕事をして作るもの

私が人脈作りで気をつけていることは「あたって砕けろ」の他に、もうひとつあります。それは、**必ず具体的な話（お願い）を持っていくこと**です。**人脈は、名刺交換をしてできるのではなく、一緒に仕事をすることでできるもの**なのです。ただ「会いたい」「お話がしたい」というのは最悪です。

たとえば、私は出版社の人と会うときには、必ず簡単な企画書を持っていくことにしています。もちろん、それがそのまま出版に結びつくことはありません。でも、そうすることが、自分に時間を割いてくれる相手に対する最低限の礼儀だと思うから、そうするのです。手土産みたいなものです。

世の中には、ただ「会いたい」と言ってアポイントを取ろうとする人がたくさんいます。私のところにもそういう人がしょっちゅう連絡して来ます。「お会いしてヒントを探りたい」「何か一緒にできるかもしれない」、だから会いましょうと言うのです。

たしかに、こういう人にもこまめに会えば、時にはすごいことが起きるのかもしれません。でも残念ながら、今の私にそんなヒマはありません。具体的な話が進行中の方とお会いするのが精一杯で、「何となく会いたい」という人の優先順位は低くなります。

これまでの経験で考えても、こういう「ただ会いたい」という人に会っても時間のムダになる確率のほうがずっと高いので、具体的に相談や提案のある人とだけ会うようにしています。

†出版社との人脈を活かせなかった人たち

起業家のなかには、せっかくのチャンスが活かせない人もいます。最近「人脈構築が下手だなあ」と思ったエピソードがありますので、ここで紹介しましょう。

ある日、「メルマガは起業家の強力な武器だ！『メルマガ起業セミナー』」というセミナーが開催されました。講師は週末起業フォーラムのチーフコンサルタント森氏です。私もゲストスピーカーとして招かれました。

その際、森氏の発案で、某出版社の編集者を呼ぶことになりました。理由は、本を出すことは起業に大いに役立つと思ったからです。また参加者の多くがメルマガ発行者であり「本を出したい」と考えている人が多いからです。事実、私のところには「自分も本を出したい。出版社の人を紹介してほしい」という話がよくきます。そこで、出版社の方を招くことにしました。

やはり本を出したい人は多かったようです。当日、その編集某氏は会場で一番の人気者になりました。そして百数十名分の名刺を手に帰りました。

その後、さぞかしたくさんの企画書が彼の元に送られてきただろうと思いました。ところが！　なんと彼の元には企画が一つも送られて来なかったそうです。それどころか電話連絡すらなかったそうです。私は唖然としました。

ハッキリ言いますが、出版社の編集者の名刺なんて、ただ持っていても何の意味もありません。おそらく年賀状すらくれないでしょう。彼らには、年中あちこちから企画が持ち込まれているからです。

ここで、このチャンスを最大限に活かすためにすべきだったことは、何でもいいから提案をしてみることでした。ボツになってもいいから、まず企画書を書いて送る、もしくはアポをとって訪ねるということでした。

とくに、このセミナーに参加した人は、メールマガジンの発行者です。だから、ほとんどの方が、すでにバックナンバーを持っています。これをまとめれば原稿になります。その気になれば、すぐに本を出せる状態にあるのです。

にもかかわらず、何のアクションも起さなかったのです。なぜかと尋ねれば「まだ機が熟していないからです」とか「今は忙しいから正月休みにじっくり考えたいのです」などと言い訳をします。こうして、人は行動を先延ばしにしていくのです。私は、これまでの起業支援の経験からこういう人の機は決まって熟さないことがわかります。だから、「そのうちお願いします」などという人のことは、すぐに忘れることにしています。

よく「定年退職したら本を出したい」と言う人がいます。ヒマになるからです。しかし暇な人が書いた本を読みたい人はいません。暇な人の本は思い出話ばかりで、たいていは読む価値がないからです。誰しも、現役で、最前線でバリバリ活躍している人の生の声が聞きたいのです。現役を引退した人の回想録など、よほど偉大な業績のある人は別として誰も読みたくないのが本音です。だから本を出すなら、忙しい業務の合間を縫って書くことが宿命になります。

私だったら、A4一枚の企画書にメールマガジンのバックナンバーを添付して、出版社に連絡したと思います。繰り返しますが、人脈は人と知り合うことでできるわけではありません。人と仕事をすることでできるものだからです。

今回のケースでは、交換した名刺を使って、出版社と具体的な仕事の話ができるかどうかが勝負でした（それが実を結ぶかどうかはまた別の話ですが）。そういう意味で、セミナーに参加した人の全員が、出版社との人脈作りに失敗したといっていいでしょう。

†メンターを持ちませんか？

次に、どのような人と人脈を築くべきかをご説明します。**人脈は「数」よりも「質」**です。誰とつき合うのかが重要なポイントです。

なかでも、起業で成功を目指す人は、メンターを見つけることをおすすめします。これは欧米の起業関連の本などには必ず書いてあることです。

メンターを日本語に訳すと師匠ということになります。でも師匠というと何か全人格を盲目的に信奉しなければならない感じです。そうなると見つけるのがとたんに困難になります。感覚としては、ある分野で自分よりも先に成功していて、その分野について何でも相談できる先輩くらいの感覚でもいいのではないでしょうか。

メンターを持つと、経験が手に入ります。メンターがした失敗をしなくて済みますから、近道が通れます。もちろん起業に試行錯誤はつきものですが、すでに誰かがした失敗をする必要はありません。

私も何人かメンターがいます。たとえば、私がサラリーマン時代に経営コンサルタントになるために勉強した「経営コンサルタント養成塾（今はありません）」の竹田昌睦塾長はその一人です。その愛弟子が、前出の森氏です。森氏も私のメンターの一人です。

他にも、何か新しいことを始めるときには、必ずメンターがいました。就職するとき、資格試験の勉強中、英語の勉強中、アメリカに渡ったとき、経営コンサルタントの修業を積むとき、そして起業したとき、それぞれにメンターの名前を挙げることができます。

このように書くと「そういうメンターはどこに行けば見つかるのでしょう」と質問されます。それは私にも分かりません。ただ、あなたの周りにいる可能性が高いと思います。私のこれまでの経験では、**メンターは見つけるものでなく、気づくものなのだ**という気がします。

不思議なもので、メンターに限らず、本当に必要な人は、求めれば現われる気がします。たとえば、何か行動を起して壁にぶち当たると、ちょうどいいタイミングでその壁を乗り越える解決策をもっている人が現われるのです。おそらく自分の求める気持ちが強くなると人に対する感度が高くなり、これまで気づかなかった人の存在に気づくからでしょう。

人は本来、「人の役に立ちたい、人を助けたい」と思っています。起業するような人は、とくにその傾向があります。だから目の前に困っている人がいれば手をさしのべてくれるものなのです。

でも、困らなければ手を差しのべようがありません。だから「メンターが見つからない」という人は、困っていないのです。逆説的な言い方をすれば、**メンターを見つけたけ**

れば、まず何か始めてみて困ってみることだといえます。

そしてメンターが現われたら、素直に頭を下げて教えを請うことです。「借りを作りたくない」などと、斜に構える人がいますが、そんなことはまったく無意味です。

ただし、いつかはお返しをするという気持ちは忘れてはいけません。私の場合、残念ながらまだお返しはできていません。でも、いつも「いつかお返ししなければ」と思っています。その気持ちが、今の私の原動力になっているのです。

†「ドリームチーム」を作ろう！

もうひとつ、メンターではありませんが、仲間を見つけることも必要です。自分のビジネスを手伝ってくれ、支えてくれる仲間です。自分を核（みんなが、お互いに勝手にそう思っていればいいのです）にした、ドリームチームを作りましょう。メンターが先輩なら、チームのメンバーは同僚といえます。共に不足を補い合いながら、一つのことを成し遂げていく仲間です。

週末起業は、一人で始める人が大半です。社員を雇う余裕などないからです。でも、何から何まで一人でやることは不可能です。だからこそ、外部のスタッフや、アルバイトなどを巻き込んで、強力なチームを作ります。

たとえば「週末起業フォーラム」もNPO法人ですが、チームとして複数の週末起業家を含む事業者と経営者で運営されています。いわゆる専従の社員はいません。

メンバーの間で、週末起業ノウハウの構築、顧客対応やウェブの製作・メンテナンス、会報誌の作成・発送、イベントの企画・運営、教材の作成をしています。また専属のコンサルタントのチームもあります。彼らとの出会いがなければ、週末起業フォーラムは、もっともっとこぢんまりした活動だったと思います。

ところでなぜ週末起業フォーラムは、社員ではなく外部の経営者のチームで運営するのでしょう？　それは「社員を雇わない」ことが、私のポリシーだからです。起業家の育成をする人間が、サラリーマンを作り出すことは自己矛盾だと考えるからです。

代わりに、週末起業家に仕事を外注します。それが最高の週末起業家の育成になるからです。これは行政による起業支援活動へのアンチテーゼでもあります。私は商工会・商工会議所や地方自治体などの仕事をお手伝いしていますが、そこで常々疑問に感じていることがあります。それは彼らが**「起業支援を増やさねばならない」と言いながら自分たちの仕事はすべて大企業に発注している**ことです。

「週末起業フォーラム」は、起業支援機関としてこういうことはしたくありません。積極的に週末起業家に仕事を出します。起業家に仕事を出してビジネスを軌道に乗せてもらうとこそが最強の起業家支援策だと信じているからです。

さて、本章では私の体験を中心に、人脈の大切さと構築方法について書きました。まとめると、人脈はあなたの考え方を変え、週末起業を加速してくれるものだということ、そしてビジネスを発展させてくれるものだということになります。

その人脈を構築するには、やはりできるだけたくさんの人に会うことです。その際に躊躇は無用です。

ただ、単に名刺交換してばらまくだけでは年賀状の送り先を増やすだけです。大事なことは「これは！」と思う人を見つけたら、一緒に仕事をしてみることです。そういう過程を通じて、メンターを見つけ、さらには自分のドリームチームを作っていくことで、あなたのビジネスはどんどん発展していくはずです。

第5章

週末コンサルタント

†方法としてのコンサルタント

「やりたいことはあるけれど、どのようにビジネスにしたらいいかわからない……」。そんなご相談を受けることが度々あります。週末燃焼系のサラリーマンが週末起業を始めようとするときに直面しやすい問題です。もしあなたも同じ壁にぶち当たっているのなら、まずコンサルタントになることを検討してみてはいかがでしょうか？

第1章で、私が週末起業で経営コンサルタントを目指すようになったいきさつをご紹介しました。ここでおすすめしたい理由は「私自身がやってみて、うまくいったから」ということはもちろん、他にいくつかあります。最近、このコンサルタントという仕事は、いろいろな理由から週末起業にピッタリだと感じるからです。

コンサルタントといっても、我々のように企業の問題解決を担う「経営コンサルタント」だけではありません。分野は何でもいいのです。「何か困っている人（企業）の相談にのり、それを解決するお手伝いをする仕事がコンサルタントです。だから、自分の得意なこと、好きなことで誰かを助けることができれば、その分野のコンサルタントになりえます。

経営コンサルタントは、経営者の経営に関する悩み全般の相談にのり、解決のお手伝いをします。企業が抱える問題はいろいろありますから、他にもいろいろなコンサルタントが活躍する余地があります。

たとえば、すでに実在するところでは、人事の問題専門の人事コンサルタント、ITの導入や活用により経営革新を手伝うITコンサルタント、営業マンの育成などを行う営業コンサルタントなどです。他にも、あなたが好きな分野、または得意な分野で企業の役に立てるとしたら、即その分野のコンサルタント業を始められます。

もちろん問題を抱えているのは、会社だけではありません。個人も同じです。最近流行のファイナンシャルプランナーは家計管理に関するコンサルタントですし、キャリア・コンサルタントは学生やサラリーマンの進路に関するコンサルタントです。変わったところでは結婚コンサルタント、離婚コンサルタント、なんて職業もあります。いずれも対象は会社でなく個人です。

「週末起業では、好きな分野、得意の分野で始めよう！」と呼びかけていますが、それを**手っ取り早く実現するのが、この「コンサルタント」を名乗ること**なのです。なにせ、世の中にあるどんな分野にも、問題が発生する余地があります。だから、それをズバリ解決する人、すなわち**コンサルタントも必ず必要とされる**のです。

†コンサルタントをおすすめする理由

なぜ私がこれほどまでにコンサルタント業をおすすめするのか、私が実践してみて気づいた、その理由を挙げてみましょう。

① 元手がいらない

コンサルタントは、身一つで始められる仕事です。お客さんが求めているのは、あなたの経験、知識、人脈などであり、そこから紡ぎ出されるアドバイスですから、綺麗な事務所や、きらびやかなパンフレットはほとんど（無関係とは言いませんが）関係ありません。

コンサルタント業を始めるにあたってあなたがすべき投資は、名刺の作成くらいのものです。低リスクで始めることを旨とする週末起業家にとって、これはきわめて重要なポイントです。

② 会社の許可が得られやすい

コンサルティング業は、比較的会社の許可が得られやすいようです。

一口に副業、週末起業といっても、会社が許可を出しやすい業種と出しにくい業種があります。「空いた時間を使って中小企業の支援をしています」、「地域の困っている事業者にアドバイスしています」というのは、会社としても許可が出しやすいのです。

理由はいくつかありますが、一つには「ボランティア的な響き」があること、もう一つは「会社にそのような専門的な社員がいることが、会社にとっても誇れること」、さらに「週末起業の経験が本職にも活かせそうなこと」です。

中小企業診断士の世界には、「企業内診断士」という言葉があります。これは会社にいながらコンサルタントの仕事をする診断士のことです。そんな言葉があるくらい、中小企業診断士の多くは会社にいながらコンサルティングをしているのです。

これは裏を返せば、診断士という資格が「(資格を)とっても食えない」資格であることを表しています。まあ、それはこの際さておき、会社としては許可が出しやすいのも事実です。また、本を出版しているサラリーマンはいくらでもいます。会社の肩書きを入れないこと、ペンネームで出すことなど、会社によっては条件がついたりする場合もあるようですが、話してみれば許可が取れるケースも多いようです。

このように週末起業として何をやるかによって、会社にとって認めやすいケースと認めにくいケースがありますが、コンサルティングは間違いなく認めやすいケースの部類に入ります。

反対に、いくら週末だけとはいえ認めにくいものもあります。たとえば、従業員が本業の他に家で内職をする、インターネットで何か売るというのは認めにくいようです。会社の仕事とあまりにもかけ離れている場合が多いために「本業がおろそかになる」「会社にいいことが一つもない」と考えるからです。さらに「十分な給料を払っていないように思われ（そのとおりなのですが）世間体が悪い」ということもあります。

③ 満足度が高い

コンサルティングは、わりと小ぎれいな仕事です。これも意外と大事なポイントです。週末起業を目指す方の多くはサラリーマンです。そのため〝知的ホワイトカラー〟を自認する人が多いのです。だから、週末起業家の事例として、オンラインショップや、サービス業を紹介しても、とくに中高年の方を中心に「イマイチ興味がもてない」という評価をいただくことが多いのです。

たしかに大企業で何十名もの部下を抱えている人、世界を股にかけて仕事をしている人にとって、自分のキャリアを全面否定するもの、興味が持てないのももっともです。

もちろん「こういう仕事をずっとやりたかった!」「もうひとつの仕事だから、会社の仕事とは全然違う仕事をしたい」という人もいますが、それはむしろ少数派です。週末起業をすれば、貴重な週末が犠牲になりますから、自分にウソをついてはいけません。

私も独立開業を目指していたので、退職後にこうした仕事をして生業を立てるということは、いまいちイメージできませんでした。

コンサルなら、ご自身のプライドを充足するに足る商売だと思います。また「これまで培ってきたキャリアを活かして、週末起業をしたい」と考えるなら、ぜひそれをネタにしてビジネスをするべきだと思いますので、コンサルティングなら着手しやすいと思います。

④ 即オンリーワン

前著でも「週末起業家は、オンリーワンを目指そう！」と述べました。週末起業は、資本がほとんどないマイクロビジネスですから、〝ナンバーワン〟を目指すと大資本ビジネスに負けるのです。だから〝オンリーワン〟を目指すのです。

しかしこの〝オンリーワン〟、なかなか見つかりません。どんなに「素晴らしいアイデアだ！」と思っても、インターネットで調べると、すでに同業他社がいることを思い知らされます。

ところがコンサルタントなら、すべてがオンリーワンになり得ます。なぜなら、コンサルタントという仕事は、あなた自身の知識、考え、情報、経験が商品だからです。あなたという人間は代替がききません。自分の頭の中身一つで勝負するのだから当たり前です。コンサルタントは、究極のオンリーワンビジネスなのです。その証拠に、大手コンサルティング会社でも、お客さんは会社にではなく、コンサルタント個人についているのが普通です。

⑤ 資格がいらない

コンサルタントを名乗るのに資格はいりません。誤解されていますが、「経営コンサルタント」というのは、資格がなくても名乗ることができます。一応、ＭＢＡや中小企業診断士など、コンサルタントを目指す人が取りがちな資格はありますが、そんなものがなくても開業は可能です。

だから、というわけではないのでしょうが、裏の仕事をする人は、自称「経営コンサルタント」という人間が多いようです。資格もなく、もっともらしい肩書きが得られるからでしょうか。

⑥ 在庫がいらない

コンサルティング業は、ものを売るわけではありませんから、在庫がたまりません。これも、事務所が自宅である場合がほとんどの週末起業家には、きわめて重要です。物を販売したことがある人なら分かると思いますが、在庫管理は本当に大変です。たまってくると保管場所に困ります。さらに発送や梱包に要する資材も場所をとります。週末起業家に対する奥さまのクレームナンバーワンがこれです。

以上、コンサルティングには良いことがたくさんあります。これを活かし、最終的なゴールがコンサルタントでなくても、その肩書きをうまく利用するという方法もあります。

たとえば、健康食品の販売をしたい人なら、まず健康アドバイザーをはじめます。そして、その分野である程度顧客を獲得してから、その顧客に対して「健康アドバイザーの推奨商品として、もともと売りたかった健康食品を販売する」などという方法が工夫できます。

この方法は、たとえばインテリアコーディネーターがインテリアを売る、ITコンサルタントが自社開発のプログラムを売る、ファイナンシャルプランナーが保険を売るなど、いろいろな分野で応用されています。

†週末コンサルタントの泣き所

このように、一見いいことずくめのコンサルタント業ですが、もちろんデメリットもあります。

まず、コンサルタント業のうち経営コンサルタントのようにＢ２Ｂ、すなわちお客さんが個人でなく企業になる場合、週末起業では時間の制約がネックになります。

私は、「週末起業家は、できるだけＢ２Ｂのビジネスは避けよう」とアドバイスしてきました。理由は次の二点です
・平日の昼間に「来てほしい」と言われる。
・取引するなら法人にしてほしいと言われる。
後者はコンサルタント業のような仕事に限っていえば余りそういうことはありません。問題は前者です。ただ、諦めることはありません。実際には、企業をお客さんにして成功している週末起業家はたくさんいます。たとえば、
・週末起業でホテルの宴会場と契約して結婚式の司会者を派遣している人。
・企業の英語の翻訳を受けている人。
・ホームページの作成代行をしている。
などがこのＢ２Ｂに該当しますが、きちんと顧客を取り、それこそ本業と同じくらい稼いでいます。私も週末起業の仕事にコンサルタントの仕事をして、なんとかやりくりしました。

では、どのように対処すればいいのでしょうか？　以下にいくつかのアイデアをあげてみます。

①　打ち明ける

お客さんに正直に話してしまうのはいかがでしょうか？　実は、私がそうでした。コンサルティングはオンリーワンです。相手もそれを認めてくれているから雇うのです。代替が効かないのですから「本業があろうがなかろうが関係ない」と言ってくれるお客さんもいるのです。

あまり無理をせず、そう言ってくださる人だけをお客様にするという判断もあり得ます。

②　土日の商売を探す

平日の昼間に呼びつけられないように、土・日にも営業している企業を対象にします。都心の大企業はほとんど週休二日制ですが、地方の企業や中小企業のなかには、まだまだ土曜日は普通に営業している会社はたくさんあります。

またコンサルタントの対象者は、経営者ですが、経営者の多くは土日や早朝も出社している場合がよくあります。忙しい経営者相手のコンサルタントの世界では、打ち合わせを朝食と一緒に済ますのは当たり前です。また、小売業なら土日も営業しています。最初からこういう会社を狙うのです。

反対にご自身の会社が土日も営業する会社でしたら、かえって平日は時間が作れます。毎週火曜日が休みの会社なら「火曜日以外は他の仕事で埋まっていまして」と言っておけばいいのです（ウソではありません）。

③ 夜に来てほしいという企業を探す

こういう会社も意外とたくさんあります。私も商店街がお客さんだったときは、だいたい打ち合わせはお店が終わったあと、二十一時くらいから、夕食を食べながら始めるのが普通でした。

地域の活性化の意味もあって、地元の商店街をお客さんにしている週末起業家は結構います。これは、経営コンサルティングを考える人なら、現実的なノウハウだと思います。

④ 会社を休む

いざとなったら、会社を休むしかないでしょう。私は、本業の会社には見切りをつけていましたので、有給休暇を存分にとっていました。自慢じゃありませんが、毎年有休は完全消化していました。それでも足りなかったので、休日出勤に喜んで応じ、せっせと代休を貯めておき、いざというときには、ばんばん代休をとりました。

なお、企業をお客にすると、どんなに「お電話お断り」といっておいても電話がかかってきます。そのため「携帯電話にかけてもらっては困る」という方は、ご家族に電話番を頼むか、秘書代行にお願いすることが必須になってきます。

†コンサルタントになる方法

あなたがコンサルタントになるためには、次のような手順を踏みます。

① 肩書きを考え、名刺を作る

まず、ここから始めます。最初に「○○コンサルタント」の○○の部分をお考えください。ご自分の好きなことや得意なことで、肩書きを考案するのです。

「何をする仕事か?」「それに対する需要はあるか?」そんなことは名づけてから考えればいいことです。まずは名づけることが大事です。

コンサルタントの仕事はお客さんが決めていくものです。自分の頭であれこれ考えるよりも、実際に困っている人と会って「どうすればこの人を助けられるか」と考えていると自然と決まっていくものです。

やや脱線しますが、最近、女性を中心に、自ら肩書きを創案する人が増えているようです。日本経済新聞（二〇〇三年十二月十五日付）は、これを「創職」といっていました。既存の職業に就いてはみたものの、どうにも「天職」とは思えない。ならば自分で天職をつくってしまおうという発想で、行動をおこす女性が増えているというのです。

彼女たちは、やりたい職業に就くのではなく、やりたいことを職業にするという逆転の発想で、肩書きを作ってしまうのです。

たとえば、女性向け経済セミナーを手がけるある女性は、最初は「経営コンサルタント」の肩書きでしたが、それを「金銭教育コーディネーター」に改め、さらに現在「キャリア&マネーアドバイザー」を名乗っています。

金融機関での勤務経験があることから、そのスキルと経験を活かす手段としてセミナービジネスを思いつきましたが、内容は経済記事の読み方や株式投資の初歩、証券会社や金融商品の選び方などを女性向けに教えるという新しいものなので、既存の職種には当てはまらず、あえて新しい職種として職種名を創造したというわけです。

この方のように、皆さんも○○コンサルタント、○○アドバイザーなど自分の仕事を創案してしまえばいいのです。

このとき、初めから気の利いたものを作ろうと悩まないことです。看板の掛け替えはいくらでもできます。まずは名乗ることが重要です。私の肩書きも変遷を遂げてきました。最初は、「米国進出支援コンサルタント」→「商店街コンサルタント」→「書店コンサルタント」→「ITコンサルタント」→「オンラインショップコンサルタント」→「創業コンサルタント」と、次々に看板を掛け替えていきました（結局今は「経営コンサルタント」というありきたりの肩書に落ち着いています）。

② 商品を作る

次にオリジナルの商品を作ります。「コンサルタントの仕事はお客が決める」といいましたが、ある程度「こんなことができる」というもの（たたき台）がなければ、話の緒が見出せません。

「なんでもご相談ください。何でもやります。料金応相談」というコンサルタントが多いのですが、これはお客の取れないコンサルタントの典型的なパターンです。

最初のお客さんに声をかけていただくためには、「商品」が必要です。「商品」とは、次の要件を満たすものです。

・名前がある。

・値段がついている。
・標準化されている。
・継続的に提供できる。
私が前出の経営コンサルタント養成塾で学んでいたときに、じっくりやったのが「自分の商品をつくる」ということです。

たとえば、お客様相談室勤務の経験を生かし、企業のクレーム対策に特化したコンサルタントを目指すなら、その場合、
・プログラムの名前を何にするか？
・そのプログラムをどう実施するか？
・あなたのコンサルティングを受けると、お客はどんな成果を受け取るか？
・月に何度くらいお客を訪問するか？
・一回あたり（月あたり）いくら請求するか？
・問い合わせにはどんな資料を提供するか？
こんなことを考えて、準備をしていきます。

③ 顧客獲得

週末起業でコンサルティングを行う際、**いちばん苦労するのが顧客開拓**です。よく「資格では食えない」といわれます。それは資格ホルダーの多くは、この顧客獲得ができないからです。

なぜ、多くのコンサルタントが顧客開拓に苦労するのでしょう。まず、**コンサルタントは自分から売り込めない**からです。経営コンサルタントといえば、経営者の先生というタテマエですから、こちらから売り込むわけにいかないのです。頭を下げて売り込みに来た人を、自分の先生にしたいとは思わないですよね（営業ができないのはコンサルタントに限らず、医者、弁護士、研修講師など世間から「先生」と呼ばれる仕事は、みな同じです）。だから「営業コンサルタントが自分の客を取れない」という笑えない事態が起きるのです。

では、プロのコンサルタントは、どのようにお客をとるのでしょうか？　この手の、いわゆる「先生」稼業には、ふつう営業スタッフがいるのです。コンサルティング会社でもセミナー会社でも営業マンがいます。そして営業はすべて営業マンが引き受けます。コンサルタントは、事務所ではダイレクトメールの封入作業をやっていたとしても、決して顧客との交渉の場には出向きません。

一方、営業マンを雇う余裕のない人は、やむを得ず営業マンのいる会社に登録しておき仕事を回してもらいます。週末起業家は、なかなか人を雇えないのに加え、こうした会社に登録することが許されません。だからここで行き詰まってしまうのです。

また、コンサルタントの顧客獲得には、もう一つ重大な制約があります。それは**要らない人には絶対いらない**ということです。コンサルタントとは、問題を解決する人ですから「自分に問題がない」（と思っている）人には用がないのです。「あのコンサルタントは、今キャンペーン中で、フィーが五〇％オフだから、とくに問題はないがお願いしよう」という経営者はいません。

†コンサルティング業の顧客獲得

ではスタッフのいないコンサルタントが、営業せずに顧客を確実に獲得するにはどうすればいいのでしょうか？

それは、**とにかく情報発信すること**です。そしてまず、こちらからいろいろなことを教えることです。それに興味を持った人のなかから「もっと詳しく教えてください」と言う人が現われるのをじっと待つのです。

ものを教えてくれた人には、誰しも敬意を表します。自分の知らないことを教えてくれる人は、先生です。さらに詳しく教えてもらいたければ、頭を下げて、お金を払ってお願いするしかありません。

そのために、多くのコンサルタントが本を書きます。また毎月無料でレポートを配ったり、講演会をします。さらにテレビや雑誌でコメンテーターをします。

こうした活動をして**「もっと詳しく教えてください」と言う人が現われ、連絡をしてくれる状況を作り出している**のです。これがコンサルタントの営業活動です（マスコミはそれを知っているので出演してもほとんどお金をくれません）。

こうして営業せずとも、お客さんのほうから尋ねてきて「お願いします」というような仕組みを作ります。これは弁護士、会計士、経営コンサルタントなど偉そうにしている（しなければならない）仕事はみな同じです。

†週末起業家の情報発信

では情報発信は、どのようにすればいいのでしょうか？　具体的には次のような方法があります。

・メールマガジンを発行する。
・雑誌に寄稿する。
・本を執筆する。
・小冊子を作り、ばらまく。

・セミナーを開催する。

実は、この一つひとつが立派なビジネスです。相談してくるお客さんがいないうちは、コンサルタントとはいえませんが、それまで営業活動として「ただ働き」せよというわけでもありません。

メールマガジンだって広告収入や購読料が得られます。また雑誌に寄稿すれば原稿料、本を執筆すれば印税が入ります。さらに小冊子は販売もできますし、セミナーも受講料が頂戴できます。

私自身、このステップのすべてを週末起業時代から今でも実践しています。それぞれの比重は大きく変わりましたが、上記のすべてから、それぞれ収入を得ています。さらにそこからクライアントを獲得しています。

最近、インターネットの登場で、こうした情報発信が容易になりました。そしてその情報を販売して収入を得る人が増えています。彼らのことをアメリカでは**インフォプレナー（情報起業家）**と呼んでいます。私も情報起業に関する本を書いています。その名もズバリ『情報起業』（フォレスト出版）といいます。

この情報を売るビジネスがいいのは、**一つのネタで二度も三度もおいしい**ところです。同じ情報でも、発信の形態をいろいろと変えることで、それぞれ商品になるのです。

たとえば、メールマガジンに書いたことを出版社に持ち込めば本になり、雑誌社に持ち込めば記事になります。講演すればセミナーになります。セミナーを複数回やれば講座になります。それをビデオに撮ればビデオが売れるのです。

また、週末起業家にとってありがたいのは**「資産が作れる」こと**です。資産とは、自分が働かなくてもお金を生み出してくれるものです。株や不動産がその代表です。同じように本も一度書いてしまえば売れるたびにお金が入ります。またビデオも一度撮ってしまえば、あとは自ら教壇に立たなくてもそれを売るたびにお金が入るワケですから、立派な資産といえます。

この、働かなくてもお金が生まれるというのは、週末起業成功のカギです。なにせ週末起業家は時間が足りませんし、日中働いているので身動きが取れません。こうした時間不足、時間の制約を乗り越えるには、**自分が働かなくてもお金を生む仕組みを作ることが重要**です。

†情報起業の二つの泣き所

これに対してコンサルタントは代替の利かない商売です。個別の問題に対応してナンボだからです。だから、時間に制約のある週末起業家にとってはなかなか大変なのです。

「だったら情報起業家でいいじゃないか」、そうお考えになるかもしれません。しかし、**情報起業家には重大な泣き所があります。**それは次の二つです。

① ネタ切れする

「情報を売る」といっても、発信ばかりでは行き詰まります。メールマガジンが続かないのは、たいていはこのネタ切れが原因です。

情報は自らの体験のなかから得るしかありません。現役コンサルタントなら、コンサルティング経験のなかで得た事例を、誰にでも役に立つ情報（ノウハウといいます）に加工して提供することができます。だからこそ価値があるのです。

反対に、こうした仕入れをせず、発信するだけでは、すぐ行き詰まることが目に見えています。そういう意味で、今、雨後の筍のように現われている「情報起業家」の多くは、やがてネタ切れのために消えていくと思います。

② たいしたお金がいただけない

コンサルタント業とは双方向性の仕事です。だから不労所得にするのは困難です。ただ、だからこそお金がいただけるともいえます。相談に乗り、個別の問題にケースバイケースで対処するオーダーメードだからこそ、お客さんは高いフィーを払うのです。

一方、情報起業においては情報が一方通行です。だからお金が取れません。場合によっては、本を買えば得られる情報なのです。本の代金との比較では、たいしたお金をいただけません。

また**インターネット上の情報は無料**というのが、今や常識になりつつあります。インターネットを使えば相当の情報が無料で転がっています。希少な情報であっても、コピーされればおしまいです。有料メールマガジンの伸びがいまいちなのは、コピーできるから、ということとも無関係ではありません。もちろん少額を広く集められればいいのですが、それができないうちはたいしたお金になりません。

しかし、そこに双方向性を加えれば、高い付加価値が生まれます。仮に「書き手に質問すれば二十四時間以内に発行者から返事が返ってくる」なんてメールマガジンがあれば、おそらく今の十倍の購読料が取れるはずです。

†週末起業家にはコンサルタントがぴったり

以上を考えると、**スタートは情報起業でも、ぜひコンサルタントを目指す**ことをおすすめします。

もちろん週末起業家は時間の制約がありますので、工夫がいります。たとえばeメール・コンサルティングという方法があります。「週末起業フォーラム」もeメールだけでご相談をお受けしています。

実は、私も週末起業時代には、eメール相談限定の顧客を数社かかえていました。クライアントが遠方だったからです。他にもリクルート社が主催する「アントレネット」の「独立相談室」をやっていました。こちらもメール限定で相談を受けていました。

メール限定なら週末起業でも十分、複数のコンサルティングを受けることができます。「二十四時間以内に回答」としておけば、仕事が終わってから回答すれば済むからです。お客さんも日本中、いや世界中から参加してくれます。

電話コンサルティング、なんていうのも考えられます。私も週一日三十分～一時間程度、経営者の相談に乗り、月三万円から五万円のフィーを頂戴していました。

最近は、経営者の間でもコーチングが知られるところになりつつあります。コーチングも一般には電話で行います。そのためこうしたコンサルティングも抵抗なく受け入れてもらえるようになりました。

週末起業家は、会社に勤めているわけですから、長期の出張も転勤もあり得ます。私も週末起業時代、何度か海外出張がありましたが、海外にいても経営者の相談に乗っていました。いざというとき慌てずに済むようにこうした仕組みをはじめから築いておきましょう。

以上、コンサルティングは週末起業家にピッタリの事業であることがお分かりいただけたと思います。

「自分はこんなことをやりたい」「自分はこんなことが得意だ」という方で、「まだ具体的に何をやったらいいのか分からない」という方はまずその分野でコンサルティングをすることを考えてみてください。それを皮切りにいろいろなビジネスが派生していくことうけあいです。本当にやりたいことは、コンサルティングで成功してから始めればいいのです。

そうなれば**会社からの自立がまた一歩進むことでしょう。**

第6章

本業と週末起業の幸せな関係

†本業を週末起業の味方につけよう

本書のテーマ、そして週末起業のテーマは「会社からの自立」です。

しかし繰り返し申し上げているとおり、「会社からの自立」は必ずしも「会社を辞めること」を意味しません。事実「週末起業」に共感する人の多くは「平日も週末もいきいきしたい」という、欲張りな人です。そういう人は「週末起業で成功しても、今の会社を辞めるつもりはまったくない」と断言します。

もしあなたも、本業と週末起業の両方を続けるつもりなら、どちらかがどちらかの犠牲になるのではなく、両方とも充実させることを目指すべきです。さらに理想的には、**「1＋1＝2」以上の関係になるように、相乗効果を発揮させたい**ところです。

そもそも週末起業を始めることが、本業の障害になるとしたら、それは今の生活が、すでに会社べったりの状態である可能性があります。もしオフタイムが充実しているなら、その時間を週末起業の時間にすれば済む話だからです。

ところが、オフもないぐらい本業で一杯いっぱいだから、週末起業をする余地がないのです。「本業のせいで週末起業ができない」というなら、週末起業以前に、会社とのつき合い方そのものを見直してみる必要があるかもしれません。

†私も本業が障害でした

……と、言いながらも私自身がご多分に漏れず、週末起業家だった当時は「本業は週末起業の障害だ」と考えているクチでした。しかし結果的には、本業が週末起業に、非常に大きな貢献をしてくれました。だからこそ、本書の最後に本業の役立て方をご紹介したいのです。

退職を決意してからというもの、私は二年後の独立開業を目標に週末起業を始めました。だから、最初は「今さら本業などどうでもいいや」と思っていました。そして、本業に割く労力と時間は最低限にして、できるだけ週末起業にあてることにしました。

もちろんやるべきことはやりましたが、やるべきことしかやりませんでした（十年も働いて、やるべきことしかやらないのは、やっているとは言いませんね）。

それでも、最低限の労力で、最低限の義務を果たすために勤務時間中は、週末起業を始める前より、もっと効率的に働きました。

もちろん残業や休日出勤、プライベートのつき合いは一切やめました。業務に関係ない飲み会、ゴルフ、カラオケも、極力断りました。それを徹底したために職場内の人間関係は、随分とぎくしゃくしてしまいました。

たとえば、「藤井はつき合いが悪い」と嫌みを言われることは日常茶飯事でした。これは最初はこたえましたが、すぐに慣れました。独立開業という、明確な夢があったからです。慣れるのはどうも私だけでなく周囲も同じようで、次第に周囲も私を誘わなくなりました。

いちばん困ったのは、もっと理解のある人々です。たとえば、私の下がりきったモチベーションを心から心配してくださる人です。彼らは、私のモチベーションを高めようといろいろな努力をしてくれました。たとえば、私を半ば騙すような形で飲み会に誘い出し、コーチングなどの技術を駆使して、私のモチベーションを鼓舞しようとしました。

また、「やる気がないのは、今の仕事にやりがいがないからだ」などと決めつけ、いわゆるやりがいのある仕事を私にさせようとしました。大きな仕事をさせようとしたり、プロジェクトチームのリーダーを任せようとしたり、再び海外に転勤させようとしたり……。何といっても、こうした私思いの上司や先輩が、本当に申し訳ないのですが、一番迷惑な存在でした。

いずれにしても当然、私の会社における評価は下がっていきました。ヘンな話ですが、こうして自分の評価をどんどん下げていき、後に引けなくなってしまうと、後は辞めるしかありません。これが独立開業のモチベーションになったのも事実です。結果的に、**背水**

の陣を敷いた恰好になりました。

†本業の経験が財産になりました

二年間で辞めることを決意していましたが、思えば二年間という時間は、結構長い時間です。「これをムダにするのはもったいないな」と思いました。そこでできるだけ本業から給与以外のものも吸収しょう、週末起業に活かそうと考えました。

しかし、金融の会社で営業をしながら、週末に経営コンサルタントをしていた私にとって、本業の仕事が、週末起業の役に立つとはとても思えませんでした。とくに、妙な問題に発展することを恐れ、「仕事先で週末起業のクライアントを開拓することは、私は絶対にしない」と誓っていました。だから会社の仕事が、週末起業そして独立開業後の仕事に役立つとは、とうてい思えなかったのです。

そこで最初は「サラリーマン生活の締めくくりに、大企業でしか経験できないことを学んでおこう」と決めました。自分の人生において、今後組織の一員として働くことは二度とないことを確信していたからです。

たとえば、会議の運営、役員の鞄持ちや接待、外人客の日本観光のお供、大企業とのおつきあい、ダイレクトメールやＴＶコマーシャルなど大予算のマーケティング、海外出張などは、自分が独立してからは経験できないと思っていました。だから喜んで引き受けました。

今思えば、こうした経験は、独立してから、まったく役に立ちませんでした。やはり大企業の仕事の経験は、大企業だから生きるということなのでしょう。

そう考えると、企業で成功した人が独立開業して成功するとは限らないこと、また企業でダメだった人が独立開業したら大成功することがあること、その両方に説明がつきます。よく、「会社で成功できない人は独立開業してもダメだ」なんていう人がいますが、そういう人の言い分は、えてして自分の体験の域を出ていません。しかし少なくとも複数の起業家を見ている私からみれば、**「会社でだめな人が独立してもダメだ」などということとはまったくありません**。自信を持っていただいて結構です。

いずれにしても、私にとって大企業の仕事は、独立開業してからは何の役にも立ちませんでした。ただ、だからといって私が、独立までの二年間をまったくムダに過ごしてしまったかといえば、そんなことはありません。

むしろ、今の私にはその二年間がたいへん貴重な財産になっています。たとえばサラリーマンという特殊な世界に、週末起業家という、ちょっとユニークな立場で身を置いて、見聞きしたこと、それに対して思ったことや、感じたこと、同僚の愚痴や、ヘンな上司のヘンな理屈、組織の理不尽なルール、人間模様、素晴らしい福利厚生などに触れる日常が、サラリーマン向けに起業を提唱する私の財産になっているのです。

だからこそ、起業を志すサラリーマン諸氏の話は、自分のことのように共感を持って聞けますし、置かれている立場も痛いほどよく分かります。それを活かして起業コンサルティングをしていますし、本書のような書物も書けるのです。そういう意味では、私ほどサラリーマン時代の体験をフルに生かしているコンサルタントはいないのかもしれません。

†本業とのつき合い方

以上、私の体験を披露しました。ここから、あなたが本業を週末起業に活かすための発想法をまとめてみましょう。

① 週末起業の目的を明確にする

いちばん大事なことは、やはり「週末起業の目的」すなわち「何のために週末起業をするのか」を明らかにすることです。それによって本業との関わり方が変わってくるからです。

一般に、週末起業を始める人があげる週末起業の目的には、次のようなものがあります。

・副収入を得る。
・週末を充実させる。
・起業願望を充足させる。
・独立開業の準備をする。
・キャリアのリスクを分散する。

あなたが「週末起業」したいのは、一体なぜでしょうか？　本書を手にしたのはなぜでしょうか？　ここでもう一度、初心に戻って、よく考えてみてください。

②　本業との関わり方を明確する

次に、本業とどのように関わるのかを明確にします。

これに関して、前出の森氏は、自らの週末起業家時代を振り返って面白いことを言っています。

彼は、自分の仕事を、いくつかの事業部ととらえていたのです。そして本来の仕事はその事業部の一つにすぎないと考えていたと言うのです。森氏は週末起業時代に「森オフィス」という会社を設立しました。そしてその会社の事業として「コーチング事業部」や「メルマガ事業部」「コンサルティング事業部」など、いくつの事業部がありました。その事業部の一つとして「サラリーマン事業部」なるものがあり、勤務先の仕事は、その事業部の仕事、給与はその事業部の売上げと考えていたというのです。

このあたりも、実は会社経営をすれば当たり前の感覚になってきます。経営者にとっては、自分の会社が一つの事業にしか取り組んでいないというのはとても不安です。環境が変われば、好調な事業が一挙にだめになることはいくらでもあるからです。リスクヘッジの意味でも複数の事業を進めるのは当たり前なのです。たとえば、牛丼しか扱ってこなかった外食産業の大手が、BSEの影響で大あわてしたのは記憶に新しいことです。「○○一筋○年」、というのは危険なのです。だから、普通はいくつかの事業を並行しています。週末起業家も、「会社にいながら」という以外は一般の起業家と何ら変わりませんので、このような感覚は、ごく普通に持つようになります。

もちろん週末起業家で複数の事業を立ちあげることは大変なことです。一般に、多くのサラリーマンは会社の仕事だけ、しかも自分の役割を一つだけ果たしています。私生活との関わりでも、「自分の生活＝会社の仕事」、「会社の仕事以外＝余暇すなわち何となく過ごす」、くらいの認識しか持っていません。まずはこれを変えるところから始めたいものです。

ここで本業との関係を明らかにするために、まず「本業から何が得られるのか」を書き出してみましょう。一般には、次のようなものが考えられます。

・生活の糧（給与）
・仕事で得る経験
・仕事で知り合う人脈
・会社の名刺
・信頼

他にも、福利厚生とか、私のようにサラリーマンとしてのカルチャー体験とかいろいろあるでしょう。こうした、サラリーマン生活で手に入るものを明らかにしておけば、会社に何を期待するのかが明確になります。その上で、会社との関係を考えなおせばいいのです。

③ポリシーを明確にし、行動指針を作る

本業から得るものが明らかになったら、自分が会社とどのようにつき合うかを考えます。そしてつき合い方に関する自分なりのポリシーを明確にし、さらに行動指針を作っておきましょう。

いつも週末起業を最優先していたら、本業で干されてしまい、会社にいられなくなりま

す。しかし、だからといってすべてにおいて本業を最優先しては、いつまでたっても週末起業が発展しません。

それに、週末起業とてビジネスです。お客さんにとっては、週末起業かどうかはまったく関係のないことです。だからいくら本業があるからといっても週末起業を片手間でやることは許されません。

そこで本業も週末起業も、最低限の基準を満たせるように行動指針を作り、遵守するようにします。

たとえば、すでに述べたとおり、私は「会社のお客さんをクライアントにしない」というポリシーを持っていました。また、「原則として飲み会には行かない」と決めていました。ただし、「歓送迎会は、自分の部署の同僚に限り、一人につき一回、公式なモノにだけ参加する」という行動指針を決めていました。

あなたには、ここまで厳密なルールは必要ないかもしれません。意志の弱い私、しかもお酒を飲むことが嫌いではない（むしろ好きな）私は、かつて何度も上司の誘い、同僚の誘いを断れず、午前様を繰り返し、ざんげの日々を送っていました。そこで二度と、その時の気分でなし崩し的に飲みに行ってしまうことのないように、行動指針を決めておいたのです。

†本業の仕事を週末起業にするべきか？

さて、実際に週末起業をしている人たちは、具体的にどのように本業を週末起業に役立てているのでしょうか。

私のケースは述べましたので、いろいろな週末起業家とお話しした体験を通して、まとめたことを以下に述べます。

まず、会社の仕事を週末起業のネタに結びつける人がいます。私は、「これから週末起業を始めたい」という人には、「会社の仕事とはまったく違う分野、たとえば自分の好きなことをビジネスにしましょう」とアドバイスしています。

理由は二つあります。一つは月曜から金曜日に会社でやっていることを、わざわざ週末にまでやると、飽きてしまい、続かない場合が多いからです。

もう一つの理由は、知的所有権の問題です。会社の仕事と同じようなことをやると、やっている本人は節度を持っていても、会社に痛くもない腹を探られるなど、会社とトラブルになることがあるからです。

ならば最初から、そのような分野は意図的に避けようという提案です。とはいえ、現実的には、やはり会社の仕事の延長線上で週末起業を始める人が多いのも事実です。

考えてみれば、「週末まで会社の仕事をやるな。好きなことをやれ」という意見に対しては、「そもそも好きなことを本業にしている」という反論もあるでしょう。その場合、何も無理に他にやりたいことを探す必要もないのです。

また「知的所有権の問題がある」という主張には、「事前に会社の許可をとって、折り合いをつけている。だから問題ない」という反論があります。たしかに会社と納得し合った上で始めるなら、まったく問題ありません。

†本業の経験を活かしてコンサルタントに

たとえば、ある週末起業家は、大手中古車買い取り会社に勤めながら、経営コンサルタントの仕事をしています。彼が週末起業を始めたきっかけは、経営コンサルタントの知人から、ある物流会社のフランチャイズチェーン研修のためのマニュアル作成を頼まれたことでした。

この仕事、勤務先の企画開発部長としてFC店獲得の陣頭指揮をしている彼にはお手のもので、簡単に作ってあげました。そのマニュアルの効果は絶大で、知人は見事に契約を獲得したそうです。

これを機に、「自分の知識が高く売れる」ことを知った彼は、正式に会社の了解を取り付け、本業の傍ら、週末起業として取引先や知人を通してマニュアル作成などの仕事を引き受け始めたのです。

私も経験がありますが、営業などの仕事で他の会社に出入りしていると、お客さんからコンサルティングを求められることがあります。しかし、いろいろな理由で、「会社としては引き受けられない」ということがあります。

そういう、本業の会社が対応しきれないところをネタに週末起業を始めると、週末起業のお客さんが本業の営業活動のなかから継続的に得られるメリットがあります。

あるアパレルの卸売業者に勤める方は、営業で全国のアパレルショップを回るなかで、日常的に店からレイアウトや陳列、チラシの作り方など販売促進策に関する相談をされていました。

当初は営業支援の一環でやっていましたが、あまりにも頻繁に相談され、ニーズも大きいので、会社に本格的なコンサルティングとして事業化することを提案しました。しかし、上層部から「そのような体力はない」とか「たいした相乗効果が見込めない」などの理由で提案が却下されました。

ところが、お客さんの要望は強く、収まりません。お客さんとの板挟みになるのは営業マンです。そこで、会社の許可を取り、週末など就業後の時間を使って自分でやることにしました。

結果的に、自分の週末起業が立ち上がりました。そして安定的にクライアントが供給されるようになりました。また、お客さんから喜ばれたことで、本業の業績もアップしたとのことです。

†「自社商品のサポート業務」が週末起業に

また、あるＩＴ系のＡＳＰ（アシスタント・サービス・プロバイダー）を提供する会社に勤める方は、自社の商品に関するサポートを週末起業のネタにしました。

会社は「メンテナンスや保守はメールと電話のみ」としています。しかしお客さんのなかには訪問サポートを希望する方がたくさんいます。そうなると、もともと営業マンだった人に「助けてほしい」と連絡が入るのが世の常です。そんなお客さんの強い要望に答える恰好で、夜間や週末に限って訪問サポートを始めました。

彼の場合も、本業のお客さんが増えることで潜在的な週末起業のお客さんも増えます。そのため自ずと本業にも力が入ります。結果として、彼は会社の成績も上々とのことです。

このように本業のお客さんに関して、会社が対応しきれない部分を週末起業で対応すると、**お客さんが安定的に供給される**というメリットがあります。

ただしこの場合、必ず会社の了解を得てください。**内緒でやると、知的所有権の侵害など、法的に重大な問題になります。**最悪の場合、解雇では済まされず、訴えられることもあります。十分に注意してください。

また、ユニークな例では、週末起業でバーを開店させた人がいます。廃業したバーを買い取って、営業を始めたのです。たしかにバーなら、営業時間が本業とバッティングすることはありません。この方の場合、職場の同僚が、常連のお客さんになってくれているそうで、これも本業を利用して顧客を得ているケースといえます。このケースでももちろん職場の了解はとっています。

†本業のための勉強をネタに週末起業を開始

本業の仕事のために勉強したことを、週末起業に結びつけた方もいます。あるＩＴコンサルタントは、週末起業時代、会社に勤めながらネットワーク技術に関するメールマガジン販売などの週末起業をしていました。

本業でネットワーク技術を教えるインストラクターをしていた彼は、仕事に役立てるために絶えず最新のネットワーク技術の勉強をする必要がありました。そんななか、「勉強したことをインターネットに公開すれば、知識はより身につくし、自分の仕事にも活かせ、ついでにお小遣い程度の収入になる」と考えるようになりました。

そしてホームページを構築しメールマガジンを発行し始めたそうです。するとあっという間にメールマガジンの読者が一万人ぐらい集まり、広告収入を稼げるようになったそうです。さらにこのメールマガジンが雑誌の記事になったり、本の原稿になったりと、収入はどんどん増えていきました。

彼は、週末起業をして経済的に余裕ができたことで、セミナーに参加したり、本を読んだりと、自分に投資ができるようになりました。結果的にこれが本業にも活きてきます。学び、発信したことを本業で活かす、こういう具合に、「好循環」が生み出せることこそが週末起業の魅力といえます。

他にも、会社の仕事を通して週末起業のネタをひらめく方もいます。週末起業の本などでは何度もご登場いただいている夜景評論家丸々もとお氏の「夜景評論家」という仕事は、サラリーマン時代に、雑誌の企画会議のなかでヒラめいたアイデアだそうです。

雑誌の企画のアイデアをみんなで出し合うなかで彼が、「夜景の特集をやったらどうだろう」という提案をしました。自分のアイデアについて詳しく説明したところ、同僚は口々に「面白い！」と言ったそうです。それに加え夜景に関する彼の知識の深さにも驚いたそうです。本人にしてみればそれほど詳しいつもりはなかったのですが、同僚と話してみて自分がいかに夜景に詳しいかを知ったというのです。

それをヒントに、「夜景評論家」という仕事を思いつき、週末起業で始めることを思い立ったのだそうです。

†大企業の肩書きを活かす

会社にいることが強みになることもあります。

実は、前述の通り、中小企業診断士の世界には、「企業内診断士」という言葉があります。会社にいながらコンサルタントの仕事をする診断士のことですが、そんな言葉があるくらい、中小企業診断士のなかには、会社に居ながらコンサルティングをする人が多いのです。

ところで、なぜ中小企業の経営者がわざわざサラリーマンにコンサルティングをお願いするのでしょう？　それは、経営者の側に「大企業の経験を活かしたコンサルティングが受けられるのでは」という思惑があるからです。

たしかに、私の知っている企業内診断士は、百貨店の優秀なフロア担当者でありながら継続的に全国の商店街をクライアントにしています。その秘密は、彼の作る販促計画や販促のアイデアが見事で、地方の商店街などには大変重宝だからです。

それはそうでしょう。彼の提案やアドバイスには、彼が大手の百貨店の社員として、同僚や大手広告代理店と知恵を絞って出したアイデアがベースにあります。素晴らしいのは当たり前です。

もちろん彼は自分の週末起業の仕事について、会社の了解も取っています。なぜ会社がそこまで寛容かというと、地方の商店街が、彼の勤め先である百貨店と競合することはないからです。

また会社にとっては国家資格を持つ、専門的な社員の存在は自慢です。さらに、地方の商店街の支援というのは、公共性が強く社会貢献の側面もあります。都心の大手百貨店に勤める社員が、地方の商店街活性化の指導をするというのは、百貨店のイメージアップにつながります。それに彼がコンサルティング業務で実践を積むことは彼のスキル向上につながり本業の仕事にも活かせるはずです。

このようないくつかの理由で、会社は許可を出しているのです。

ただし前出のコンサルタント氏は、「百貨店勤務という後ろ盾があるからこそ、安定的に仕事が来るのだ」ということを自覚しており、「会社は絶対に辞め（られ）ない」と言っています。

以上、本業の直接的な活用法の事例をあげました。他にも会社にいることによる間接的なメリットをあげればキリがありません。たとえば、次のようなことがあります。

・同僚の知識や知恵を活かせる。
・同僚に商材のリサーチを頼める。
・福利厚生（社宅、保養所、社会保険）が使える。
・税金（雑所得の扱いによる税務の簡略化）で有利なこともある。
・社会的信用（クレジットカード、住宅ローン）が大きい。

また、これは週末起業家自身もあまり意識していませんが、週末起業家のネットワークは、他の起業のネットワークにはない素晴らしい資産があります。それは彼らのネットワークは、同時に本業の会社のネットワークでもあるということです。週末起業家は、名刺を二枚持っています。なかには自らの週末起業のビジネスを、他の週末起業家の本業の会社で請けてもらったというケースもあります。

また、お互いに本業の仕事でもおつきあいしているという人もいます。

以上、本書のまとめとして、本業を週末起業にいかに活かすのかを考えてみました。たしかに週末起業家には、時間の制約や会社に内緒という、サラリーマンならではの障害がいろいろとあります。

しかし、物事には、必ず悪い面があれば良い面もあります。弱みがあれば、必ず強みがあるのです。**週末起業家の最大の強みは、やはり本業があること**だと思います。起業家とは、自らの「弱み」にこだわるよりも、自らの「強み」に目を向け、それを最大限に活かそうとするものです。本業の仕事を、「邪魔な存在」として、ばっさり切り捨てるのは簡単です。夜や週末のビジネスに備えて仕事中は昼行灯を決め込む、という不謹慎な週末起業家もいるかもしれません。

しかし起業家を目指そうとするなら、むしろ**本業さえも自分の経営資源の一つとして、有効に活用してしまう**、そんなしたたかさがほしいモノです。会社から自立を果たした上で、会社と良い関係を作る、こんな本当の大人サラリーマンを目指そうじゃありませんか！

おわりに

「起業家を増やしたい、そうすれば日本は必ず元気になる！」

週末起業は、私のそんな思いから生まれました。これは、前著『週末起業』に書いたとおりです。その思いは、今でもまったく変わりませんし、当分揺るぎそうもありません。

でも、それは私の勝手な思いであって、あなたにはどうでもいいことかもしれません。私だって「起業が人生の最善の選択肢だ」なんて言うつもりはありません。何が最善かは人によって違うからです。

もちろん私は、起業は素晴らしい選択肢のひとつだと確信しています。自分のやりたいことを、自分のやりたいように、自分の裁量でできるのです。しかもその結果、お客様に「ありがとう」と感謝してもらえるのです。こんなに楽しいことを経験せずに引退してしまうなんて、あまりにももったいないことだと思います。

それに起業家になることは、以前よりずっと簡単になりました。インターネットのおかげで、敷居が低くなり、選択肢もうんと増えました。

ただ、それでも起業には難しさが伴います。率直にいって、ある程度の適性も必要です。好き嫌いもあると思います。

本書でも、いろいろ書きましたが、私が前著、そして本書をとおして言いたいことは、実はたった一つのことです。それは「悔いのないように、過ごしましょうよ」ということです。そのためには、「自分の人生を会社にゆだねるのをやめて、やりたいことは今すぐ始めましょうよ」ということです。

人間、いつ死ぬか分かりません。こんなことを言うと、突拍子もなく聞こえるかもしれません。たしかに、誰もが「自分の人生、まだまだ先は長いさ」と思っていると思います。でも、冷静に考えてみれば、実際はそんなこと、誰にも分からないことです。

起業家の何人かが親族の突然の死に直面したことを、起業のきっかけにあげています。身近な人の死が「自分もいつ死ぬか分からない」という厳しい現実を目の前に突きつけるのです。その結果、「明日はどうなるか分からない。やりたいことは先延ばしせず、今すぐやろう」と思い、ひと思いに会社を飛び出してしまうというわけです。

もちろん、誰もがそのように思い切れるわけではありません。

もしあなたが、「いつか必ず起業したい。でも現実がそれを許さないのだ!」と悩んでいるのなら、「それを先延ばしにしない方法として週末起業がありますよ」と、言いたいのです。週末起業なら、始めない理由はどこにもありません。失うものは何もないのですから。

たしかに、週末起業は、最初は本当にささやかです。とくに、大企業や、独立起業した起業家からみれば、取るに足らない、吹けば飛ぶようなお遊びかもしれません。

そんなちっぽけな起業ですが、あなたの人生をもっともっと輝いたものにする力を秘めています。小さな種火みたいなものですが、やがてぱっと燃え上がり、あなたの人生を完全燃焼させるほど燃えあがる可能性を秘めているのです。

少なくとも「自分の人生、自分の書いたシナリオで主役を演じたい」、そんな気持ちがあるなら、週末起業を試してみる価値は十分あります。

週末起業が、あなたのもっともっと素晴らしい人生の扉を開けるきっかけになることを祈り、ペンを擱きたいと思います。

二〇〇四年四月　　藤井孝一

ちくま新書
472

週末起業《しゅうまつきぎょう》チュートリアル

二〇〇四年五月一〇日　第一刷発行

著者　藤井孝一（ふじい・こういち）

発行者　菊池明郎

発行所　株式会社　筑摩書房
東京都台東区蔵前二-五-三　郵便番号一一一-八七五五
振替〇〇一六〇-八-四一二三

装幀者　間村俊一

印刷・製本　三松堂印刷　株式会社

ちくま新書の定価はカバーに表示してあります。
ご注文・お問い合わせ、落丁本・乱丁本の交換は左記宛へ。
さいたま市北区櫛引町二-六〇四　筑摩書房サービスセンター
郵便番号三三一-八五〇七
電話〇四八-六五一-〇〇五三

ISBN4-480-06172-X C0234

ちくま新書

427
週末起業
藤井孝一
週末を利用すれば、会社に勤めながらローリスクで起業できる！　本書では「こんな時代」をたくましく生きる術を提案し、その魅力と具体的な事例を紹介する。

414
54歳引退論——混沌の長寿時代を生き抜くために
布施克彦
多くの企業が中高年の雇用を見直しつつある。この際、企業やニッポンから早期退職してはどうか。したたかな人生再設計を提案し挑戦を呼びかける静かな革命の書。

396
組織戦略の考え方——企業経営の健全性のために
沼上幹
組織を腐らせてしまわぬため、主体的に思考し実践しよう！　組織設計の基本から腐敗への対処法まで「これウチの会社！」と誰もが嘆くケース満載の組織戦略入門。

441
賃金デフレ
山田久
黙っていても給料が年々上がった時代は今や昔。導入が始まった成果主義も、賃下げの異名との声すらある。まず経営改革ありきの立場から、賃金の行方を展望する。

455
創造経営の戦略——知識イノベーションとデザイン
紺野登
企業の成長力とは何か？　それは組織や個を貫く「創造性」である。本書では「ブランド」「経験」「デザイン」などの概念を紹介し、次代の経営戦略の在り方を探る。

458
経営がわかる会計入門
永野則雄
長引く不況下を生きぬくには、経営の実情と一歩先を読みとくための「会計」知識が欠かせない。現実の会社の「生きた数字」を例に説く、役に立つ入門書の決定版！

468
ボスと上司——「プロ」サラリーパーソンVS.「アマ」サラリーマン
梅森浩一
競争原理に裏づけられたプロフェッショナリズムをもつ「ボス」と、自己保身しか頭にない「上司」——。雇用環境が激変する現代におけるリーダーの条件を考える。